ÜMİT YAŞAR OĞUZCAN

1926 yılında Tarsus'ta doğan Ümit Yaşar Oğuzcan, Eskişehir Ticaret Lisesi'nden mezun olduktan sonra bankacılık alanında çalıştı. Ancak yayın dünyasıyla bağını her zaman korudu ve 1960 yılında Ümit Yaşar Yayınları'nı kurdu. Daha sonra 1965 yılında *Yeni Dergi* adlı bir hiciv ve mizah dergisi çıkartan Ümit Yaşar Oğuzcan, çeşitli gazete ve dergilerde de yazılarını yayımlamaya devam etti. Şiirleri ve taşlamaları her zaman büyük ilgi gören Oğuzcan'ın birçok şiiri de bestelendi. 1984 yılında aramızdan ayrılan Ümit Yaşar Oğuzcan'ın yapıtları ölümünden sonra *Şiir Denizi 1-2*, *Taşlamalar Hicivler 1-2*, *Rubailer Dörtlükler*, *Anılar Düşünceler*, *Aşka Dair Nesirler* adıyla yeniden derlenmiştir.

ÜMİT YAŞAR OĞUZCAN

AŞKA DAİR NESİRLER

§

Yayın No **601**
Şiir **64**

Aşka Dair Nesirler
Ümit Yaşar Oğuzcan

Yayına hazırlayan: Lütfi Oğuzcan
Kapak tasarımı: Utku Lomlu
Kapak fotoğrafı: Ara Güler
Sayfa tasarımı: Veysel Demirel

1-2. Basım: 2004-2006, Özgür Yayınları
3-9. Basım: Ağustos 2008-Ocak 2014 Everest Yayınları
10. Basım: Eylül 2014
11. Basım: Mayıs 2015
12. Basım: Nisan 2016
13. Basım: Ocak 2017
14-15. Basım: Mayıs 2017
16-17. Basım: Mart 2018

ISBN: 978 - 975 - 289 - 524 - 9
Sertifika No: 10905

Baskı ve Cilt: Melisa Matbaacılık
Matbaa Sertifika No: 12088
Çiftehavuzlar Yolu Acar Sanayi Sitesi No: 8
Bayrampaşa/İstanbul
Tel: (0212) 674 97 23 Faks: (0212) 674 97 29

EVEREST YAYINLARI
Ticarethane Sokak No: 15 Cağaloğlu/İSTANBUL
Tel: (0212) 513 34 20-21 Faks: (0212) 512 33 76
e-posta: info@everestyayinlari.com
www.everestyayinlari.com
www.twitter.com/everestkitap
www.facebook.com/everestyayinlari
www.instagram.com/everestyayinlari

Everest, Alfa Yayınları'nın tescilli markasıdır.

İÇİNDEKİLER

SUNUŞ

Kendini aşka adamış, aşka tapmış bir adamın bir araya gelemeyeceğini bildiği bir kadına sevgisini, ikilemlerin yarattığı acılarını, düşlerini dile getirişinin ürünüdür bu kitap. Tabii yazan babam olduğu için "bir kadın" ifadesi gerçeği yansıtmıyor. Bu yazılanlar kadınlara yazılmışlardır. Sevenin sevilene dil döküşüdür bu mektuplar...

Babam kendi oluşturduğu "Bütün Eserleri"nde "Mihriban'a Mektuplar"a yer vermemiş ve adeta onun varlığını yok saymıştır. Nedenini bilemediğim bu durumu görmezden gelemedim ve kendisini de tanıdığım Mihriban'a ben yer verdim. Çünkü babamın yazdığı bütün mektuplar aslında hâlâ sahibini arıyor...

Lütfi Oğuzcan
Nisan 2008

İKİ KİŞİYE BİR DÜNYA

Senfonik Şiir
Birinci Bölüm: Kader kapıyı çalıyor (Andante)
İkinci Bölüm: Seninle kardeş değiliz (Allegro)
Üçüncü Bölüm: Karanlıkta (Presto)
Dördüncü Bölüm: Sana bir tanrı getirdim (Adagio)

Ankara Nisan 1957

KADER KAPIYI ÇALIYOR

(Andante)

KADER KAPIYI ÇALIYOR

Gelme diyorsun
Bu gel demektir
Birazdan güneş doğacak
Doludizgin atlılar geçecek yüreğimden
Seni düşüneceğim
Gümüş mahmuzların parlaklığınca
Yağmur nal izlerini örtmeden
Sana geleceğim
Bekle beni

Hindistan'da Banaras şehrinde seni aradım
Ganj'ın sularında lanetlenmiş insanlar yıkanıyordu
Ganj'ın suları pisti bulanıktı
İçtim
Bir kadın tanıdım Haydarabat'ta
Cüzzamlıydı, güzeldi üstelik
Sana benziyordu
Etli dudakları vardı
Brahman mabetlerinde seviştik üç gün üç gece
Taşların üzerinde yattık
Bir hayvan tarafımız vardı alımlı
Bir Tanrı tarafımız vardı iğrenç
Bir insan tarafımız olacaktı
Aradık üç gün üç gece
Bulamadık
Bir Tanrı tarafımız vardı korkunç
Sevemedik

Sonra Nijerya'da Mozambik'te Altınsahilleri'nde
Kulaklarımda ulu ormanların uğultusu
Vahşetin musikisini dinledim yeşil yeşil
Zifir gibi bir yalnızlıktı içimde yokluğun
İri bir memeydin, kalçaydın avuçlarımda
Belki bir tutam tuzdun kirli
Seni düşündükçe susuyordum
Nehirler göller kandırmıyordu beni
O kadınlara gidiyordum
O bakır tenli kadınlara
O kadınlarla da yattım
Adam boyu yaprakların üzerinde
Boyanıp boyanıp yeryüzüne çıkıyorduk derinlerden
Yorgundum
Kuşkuluydum
İliklerime kadar bendim
Bir yeşildim
Bir beyazdım
Karanlıktım
İnsan eti yiyenler anladı beni

Kanarya adalarında
Bir kamış kulübede iki ayna buldum
Birinde ellerim vardı kemik kemik
Parmaklarım beni çağırıyordu sana
Birinde gözlerim vardı
Ağlıyordum
Çiğnenmiş otlara döndüm
Ağlamaklı denizlere
Köpekbalıklarının azı dişleri avutmaz beni

Bir gemiydim
Battım
Santa-Isabelle adasının önünde
Şimdi 3200 metre derindeyim
Sana ahtapot gözleri topluyorum
Sana mürekkepbalıklarının gözyaşlarını getireceğim
Bırak beni
Yosunlarla bir çeşmeden su içiyorum

O derinliklerde bir mağarada buldum kendimi
Önce garipsedim çıplaklığımı
Utandım
Sonraları alıştım güzelliğime
Bir elim sendin
Bir elim ben
Ayaklarımı göremezdin
Öyle uzaktaydı
Sağ kolumu Mekke'de kestiler şafak vakti
Utanmaz yalnızlığımla kaldım çaresiz
Bitmez
Haçlı Seferleri boyunca anlatsam maceramı
Yakına gel
Dört yanımız iri ıstakozlarla dolu
Yalnız değiliz

Tut ki bu tuzlu balıklarda benim yüreklerim çarpıyor
Tut ki gözümün yarısı elmada yarısı kapanık
Tut ki ben beyazpeynirim ben zeytinim
Al
Ekmeğine katık et beni

Dufy'nin bir sokağı vardı bilir misin?
İlkin seni o mor sokakta gördüm
Temmuz'un on dördüydü
Bütün itliği üzerindeydi güneşin
Bir yeşil elbisen vardı
Bir siyah ayakkabın vardı*
Bir gözlerin vardı
Bir dudakların vardı
Bir sen vardın
Ama ben yoktum o sokakta
Haiti** adalarında
Gauguin'le seni düşünüyordum
Absent kadehlerinde ellerini içiyordum
                                        yudum yudum
Dufy'nin sokağı aklıma nerden geldi?

---

* Bu mısra ilk basımında olduğu halde "Tüm Şiirleri"nde çıkarılmıştır.

** İlk basımında Tahiti'dir.

Bir çift zar aldım
Attım gökyüzüne
Adis-Ababa şehrine düştü
Adis-Ababa şehrinde kadınlar
Hepyek bakıyordu yüzüme
Yüzümde cinayetler işleniyordu her gece
Kadmiyum kırmızısından kanlar akıyordu nehir nehir
Sen baksan görürdün
Her gözüme bir düşeş oturmuştu
Sen görsen anlardın
Titanyum beyazı yalnızlığımı

Budapeşte köprüsünün üzerinde
Bir çingene falıma baktı
Dedi üç günde öleceksin
Ben üç bin yıldır seni arıyorum
Kapılara sığmıyor umutsuzluğum
Lağım kokuları gibi, çirkef gibi kederliyim
İçimden dünyayı ipe çekmek geliyor
Cümle yıldızlar şahidim olsun
Yapmazsam adam değilim

Şanghay'da orospular benimle yatmadı
Çirkinsin dediler
Pissin dediler
Yıkandım arındım
Afyon yüklü mavnalar geçiyordu Çin denizinden
Birisi geçmişime küfretti
Tuttum öldürdüm
Geçmişim seninle güzeldi, temizdi, aktı
Kirlettim
Affet beni

Hamamatsu'da bir geyşa kızı yüzüme tükürdü
Pyong-Yang'da kurşuna dizdiler beni
Tiz bir boru sesi üç defa ti çekti
Trampetler başımda zonkluyordu
Kederliydim
Çaresizdim
Canım Tchaikovsky'yi dinlemek istiyordu
Ah o keman konçertoları öldürdü beni

Dinsizdim, İstanbul'da minareler üstüme yıkıldı
Yoksuldum, Kudüs'te kiliseler kabul etmedi beni
Gelme diyorsun
Bu gel demektir
Birazdan akşam olacak
Rachmaninoff'la bir meyhanede içmeliyim bu gece
Sonra sana gelmeliyim
Rachmaninoff nereye giderse gitsin

Şimdi bir derin mavide akşam oluyor
Gök mavi deniz mavi
Mor dağlar yeşil ağaçlar mavi
Bozuk düzen mavi gecelerden sesleniyorum sana
Ne opera aryaları
Ne beşinci senfonisi Beethoven'ın
Bir yalnızlık marşıdır çalınıyor uzakta
Gün ışığı arkamızda kaldı bak
Tanyerinde unuttuk gözlerimizi
Gel artık
Hayata yeniden başlayalım
Gel artık
Bu mavilerde kimseler görmez bizi

Solfej anahtarlarını kaldıralım
Do'ların mi'lerin önünden
Bırakalım bu dünya alabildiğine dönsün
Ölmekse daha kolay ne var
Yaşamaksa sensiz mümkün değil
İskender adam edemedi bu dünyayı
Biz mi edeceğiz
Eflatun çözemedi yaşamanın sırrını
Biz mi çözeceğiz
Bütün yataklar bir kişilik
Git diyorsun
Nereye gideyim
Birazdan gece olacak
Ağır kılıçlar parçalayacak yüreğimi
Pis bir koku gibi çökecek üstüme yalnızlığım
Seni düşüneceğim stepler ortasında yorgun, kimsesiz
Doludizgin atlılar geçmeyecek yüreğimden
Bir gözümde gümüş mahmuzların pırıltısı hazin
Bir gözümde bozulmuş nal izleri
Durup durup ağlayacağım

Sen bu ayrılıklar için mi yaratıldın söyle
Bu zehir zemberek kederler için mi?
Bak bütün orkestralar sustu
Bütün ışıkları söndü dünyanın
Korkma
Haydi uzat ellerini
Geçmiş yılları yeniden yaşayalım bir bir
Bak dinle
Bir seslenen var uzaklardan
Bak dinle
Kader kapıyı çalıyor
Gelme diyorsun
Gelme diyorsun
Bu gel demektir

SENİNLE KARDEŞ DEĞİLİZ

(Allegro)

SENİNLE KARDEŞ DEĞİLİZ

Tanrı'nın bıraktığı yerden biz başlayalım
Üç milyar insanın yarısını sen öldür yarısını ben
Üç kişi kalsak yetişir yeryüzünde
Yaklaş bana
Seninle kardeş değiliz

Hüzünle karışık sevinçlerden kurtul artık
Arzuların o belli belirsiz sıcaklığını sev
Biliyorsun
Önce Tanrı insanı yarattı
Sonra insan sevgiyi
Ne yapsak boş
Ne kadar çabalasak faydasız
Geriye dönemeyiz.
Olanlar oldu iş işten geçti
Çamurumuza sevgi katılmış bir kere

Kim bu şarkıları söyleyen
Karcığar faslından düm tek üzere
Aklım bir yere erişti durdu
Susun
Şimdi üçgenlerle oynuyorum
Kaldırın bu daireleri
Bir model kız geldi soyundu karşımda
Saçlarından üç fırça yaptım
Üç tüp boyam vardı
Verenoz yeşili, zümrüt yeşili, krom yeşili
Hepsini kattım birbirine
Senin yeşilini buldum
Senin yeşilinde orkestralar Debussy'den çalıyordu
Senin yeşilinde unuttum siyahlığımı

Bu deli eden uğultu nerden geliyor?
Kim kırdı bu aynaları?
Toplayın yüzümüzü görelim
Çirkin değiliz artık
Bir kapı açıldı önümüzde ölümsüzlüğe
Güzeliz
Sabahlar bizimle dolu
Işık diyordun al işte
Kör kuyulara kadar ışıdı yeryüzü
Renk diyordun işte bak
Buram buram mavi
Çarşılar dolusu kırmızı
Süt beyazından geceler
Sarı güneşler ortasında turuncu bir gün
Yitirilmiş saadetlerin bahçesinde mor çiçekler

Kardeş değiliz diyorum inanmıyorsun
Yalan bunca faziletler yalan
Bizi bu ciğeri beş para etmez insanlar mahvediyor
Aldırma diyorum sana
Dünya ikimiz için yaratıldı
Üç milyar insan iş olsun diye geldi yeryüzüne

Verdiğin her kederin yüreğimde yeri var
Hangi kitabı açtıysam seni okudum yıllardır
Hangi aynaya baktıysam seni gördüm
Gel desen gelemem
Git desen gidemem
Öl desen kanım akmaz
Anladım artık seni sevmek yüce bir şey
Anladım seni sevmek Tanrı'ya yaklaşmak gibi

İnsanlar içinde bir sana inandım
Bir seni sevdim kendimden başka
Uykularımın bölündüğü saatlerde
Sendin düşündüğüm soluk soluk
Sivri bıçaklar gibiydin karanlığımda
Gözümü yumsam seni görüyordum
Oynak türkülere benzeyen yürüyüşünle
Sen çıkıyordun karşıma
Karanlığımda
İki yıldızdı ellerin görülmedik
Karanlığımda
Bir orman yangınıydı dudakların

İstesen hayat verirdim bu karanlıklara
İstesen gökyüzünü bir mendil gibi yırtardım
Denizlerden, göllerden, nehirlerden
Sana görmediğin renkler yaratırdım
Zamanın ötesinde
Yeni bir dünya kurardım sana
İnsansız, Tanrısız, kedersiz
Severdin
Dağ rüzgârlarının serinliğince
Yaşardın
Bu sefil dünyamızdan uzak

Bir yanıp bir sönen ışıklar gibiyim
Yumruk kadar yüreğimde sen varsın
Kutsal kederler içinde seninleyim artık
Sarı badanalı evlerde baş başayız
Bütün duvarlara gölgen kazınmış
Kokun sinmiş bütün perdelere
Kapılarda parmakların beyaz beyaz
Sokaklarda ayaklarının izi
Ben bu sokaklarda ölsem
Kaldırımlar çekmez ağırlığımı
Söylesem aşkımı asırlar boyunca
Bu ikiyüzlü insanlar anlamaz beni

Desem ki yeryüzüne beş peygamber geldi
Beşincisi sensin
Desem ki iki kişi kaldık dünyada
İkincisi sensin
Desem ki birisi var yeri göğü var eden
O da sen olurdun
Sana tapmak için
Kilden bir heykel yapardım güzelliğince
Bilsem ki sen Tanrı'dan iyisin
Bilsem ki Tanrı senden güzel değil

Senin o kocaman kocaman gözlerin yok mu
Nasıl duruyor boşluğunda arzuların anlamıyorum
Nasıl nasıl bakıyor bana
Böyle merhametten uzak
Git diyorsun
Nereye gideyim?
Ümitlerim ne olacak?
Bunca şiirleri kim söyleyecek sana?
Kim anlatacak dünyaya sığmayan güzelliğini?

Gitmek mümkün olsa da gitsem uzaklara
Sevmesem seni bir daha
Paramparça etsem yüreğimi cam gibi
Sonra yaksam
Savursam küllerini karlı dağlardan açık denizlerden
Yine seni severdim toz toz
Yine sana tapardım küllerimin ağırlığınca

Bu oksijen gazı olmasa da olurdu
Ama Beethoven gelmeseydi dünyaya
Seni bu kadar sevemezdim
İkimizin ortasında o duruyor
Sağımızda birinci keman
Solumuzda ikinci keman
Karşımızda üçüncü keman
Sonra orglar, flütler, kontrbaslar
Sustur şu orkestrayı Beethoven
Şimdi dokuzuncu senfoninin sırası mı?

Bunca yalnızlıklar, bunca yokluklar benim işim değil
Bu çirkinliği ben yaratmadım
Ne de bu kahpe güzellikleri
Bende sevmediğin ne varsa senden türedi
Şu karanlık bakışlar
Şu ellerimin pisliği
Şu dudaklarımdan çıkan iğrenç sözler
Besbelli senin eserin
Ne buldumsa sende buldum kötülükten yana
Ne öğrendimse senden öğrendim
Seni sevdikten sonra başladım yaşamaya

Seni Tanrı yarattıysa beni kim yarattı
Bu azabı kim verdi bana
Çıngıraklı yılanların zehrini içtim
Balinaların kusmuklarını
Kükürt kokulu imkânsızlıklar içindeyim
Oysa güzeldim tarihin ilk çağlarında
Görsen şaşardın
Öyle aydınlıktım
Öyle iyiydim
Kobalt mavileriyle doluydu yüreğim
Kurşun beyazlarıyla
Severdin beni
Midye kabuklarının yeşilliğince

Sonunda dediğim çıktı işte
Samanyolundan bir yıldız düştü dünyaya
Sinekler gibi eziliverdi insanlar
Her şey bir anda olup bitti
Yapayalnız kaldık
Ne radyoaktivite ne mantar şeklinde bulutlar
Ne yaşamak sevinci ne ölüm korkusu
Sonunda üç kişi kaldık dünyada
Sen
Ben
Bir de Jiro'nun Manon Lesko'su

Yine bana bakarken yüzün kızarıyor
Toplum kurallarından kurtulamadın daha
Bütün çayırlar bomboş
Görmüyor musun?
Al başını dağlara çık
Avaz avaz şarkı söyle sokaklarda
Bir kibrit çak
Bütün evler yansın
Yüz bin yılın öcünü al bu şerefsiz dünyadan
Sonra kaldır kendini denize at
Biraz serinle
Sevebildiğim kadar insanım ben
On gram arsenik yeter canıma
Beni düşünme

Uzun Mistral rüzgârlarının üzerine
Nimbus bulutları geliyor kaç
Uykumuz bölündü çırılçıplağız
Kum fırtınası başladı
Çin seddinin ötesinde
Gölgemizi bir Asya şehrinde unuttuk
Taklamakan çöllerinde kaldı rüyalarımız
Haydi git
Çok olduk* iki olduğumuz yerde
Haydi git
Bir kalırsak yine var olacağız

* İlk basımında "yok olduk"tur.

KARANLIKTA

(Presto)

KARANLIKTA

Beş yüz borazan birden çalıyor
Bin davul birden vuruyor başımda
Gök gürültüleri
Çekiç sesleri, makine sesleri
Dağlardan kopan kocaman çığlar
Taşlar
Kayalar
Ey üstüme üstüme gelen deniz
Ey cam kırıklarından kader
Yeter*
Yeter artık
Nerdeyse çıldıracağım
Bir yeşil ötesine geldim durdum işte
Merdivenin son basamağındayım
Bir adım daha atsam
Kimseler tutamaz beni
Bir adım daha atsam karanlıktayım

---

* Bu kelime ilk basımında yoktur.

Kaç kere söyledik
Şu potpuriyi çalmayın diye
Anlamıyor musunuz
Fa diyez bemol çaresizlikler içindeyiz
Bir duvar yıkılıyor altında kalıyoruz
Bir adam ölüyor bizi gömüyorlar
Susturun şu kemanları
Biraz da ilahlar ağlasın yokluğumuza
Kirli gözyaşları kırık iskemleler
Başıbozuk çigan havaları
Yeminler notalar akortsuz teller
Ve sakat çocukları Nagazaki'nin
Biz bunun için mi geldik yeryüzüne
Devirin şu putları
Mukaddes kitaplar bize göre değil artık

Sinemaskop rezaletler içindeyiz
Café Chantant'larda dua ediyoruz
Mabetlerde çiftleşiyoruz artık
Mesuduz
Dokunmayın keyfimize
Saint Pierre'in doksan dokuzuncu göbekten torunu
Strip-tease yapıyor
Folie Bergére revüsünde her gece
Gelsin arkasından şampanya şişeleri
Kauçuk göğüslü kızlarda bir naz bir çalım
On derste aşk
On derste güzellik
On derste cinsiyet
Ve tam on bin yıldır arayıp bulamadığımız fazilet
Sonra mezarlıklar dolusu günah
Genelevler dolusu namus
Velhasıl ailece rock'n roll dansı öğrendik
Tepinip duruyoruz

Pirinç tanelerine çizdiğimiz kral resimleri bizi kurtaramadı
Ne de Babil'deki asma bahçeleri
Hakkını veremedik alınterimizin suçluyuz
Har vurup harman savurduk ömrümüzü
Akıllı bir maymun olmaktan öteye gidemedik
Şimdi bu kördövüşünde yenildikse suç bizim
Geç anladık zavallılığımızı
Her şeyi bu sağır göklerden bekledik yıllardır
Bizi kimseler inandıramadı ölüme
Bize kimseler öğretmedi insanlığımızı

Kim kurdu
bu düzeni, nerdeyiz?
Bu tekerlekler nasıl dönüyor boşlukta
Bu umutlar, bu dualar, bu kahrolası hayaller
Nasıl bunca yıldır barındırdı bizi
Bu katı yürekli topraklar
Bu gülünç mezar taşları
Ölümler ölümler ölümler
Ölümlerden beter yalnızlığımız
Bu macera ne zaman bitecek söyleyin
Söyleyin ne zaman aydınlanacak
Bu karanlık alınyazımız

Harun-er-Reşid'in gazabına uğradık cümlemiz
Başparmaklarımızın birinci boğumundan vurdular bizi
Bir düşüş düştük Éiffel kulesinden
Sersefil oldu ölümüz caddelerde
Nice evlerin nice apartmanların bütün ağırlığı
                                        üzerimize kurşun gibi çöktü
Sokak köpekleri işedi kanlı gömleğimize
Yedi yıldız senesi bağırdık ağladık
Kimseler duymadı sesimizi Lili Marlen
Beş yüz sene sonra anlaşıldı yokluğumuz
İşte biz böyle yitirdik inancımızı Tanrı'ya
Keyfimize dokunmayın
Adamakıllı sarhoşuz

Ya bir gül koparın bahçenizden
Koklayalım
Ya bir yudum su doldurun taslarımıza
İçelim
Ya da bir dilim ekmek verin
Şükredelim yaşadığımıza
Karanlıklar içindeyiz
Çamurlar içindeyiz
Tutun kaldırın bizi
O yalancı sevginiz sizin olsun
Biz yaşamak için geldik yeryüzüne
Alın başınıza çalın merhametinizi

Körsünüz ya da sağırsınız
Beyaz çorap giydi diye
Ku Klux Klan derneğinin adamları
Bir zenciyi linç ettiler
Görmediniz
İbni Mansur'un beşinci karısını toprağa gömdüler
beline kadar
Sabahtan akşama dek yedi bin kişi taşladı
Yedi bin kişi tükürdü yüzüne, görmediniz
Şu gökkubbenin altında
Boşa gitti nice bonjour'larımız
Sonra üç kere good night dedik
Duyan olmadı

Ya savaş meydanlarında yitirip bulamadığımız gerçek
Engizisyon işkenceleri yirminci yüzyılın
Fırınlar
Gaz odaları
Kitle halinde ölümler
Kara sineklerin konduğu çürümüş et yığınları
Yaylım ateşlerle delik deşik olmuş insanlığımız
O azgın atların çiğnediği kollar bacaklar
O kan çanağı gözler
O süngü uçlarında yükselen kesik başlarımız

Bizi alçaltan bu kanlı zafer taçları işte
Öptüğümüz o pis eller
O maymun maskara soytarılar
Küçük orospular
Kirli zevklerimiz
Yatağımıza giren frengili kadınlar
Aldığını geri vermez bir karanlık dört yanımızda
Hangi perdeyi aralasak gece
Hangi taşı kaldırsak çaresizlik
Ölüm isli bir fener ışığı bu karanlıklarda
Ölüm yorgun askerlerin tek umudu sıcak
Biz bu ölümlerle yakınız ölümsüzlüğe
Bu karanlıklarla uzak

Siz dilediğiniz şarkıyı söyleyin yine
Yine karamelalarla kandırın küçük kızları
Irzına geçin torunlarınızın
O sapık arzularınız yükseltecek sizi
O karanlık odaların başıboş rahatlığı
Varın dilediğiniz gibi yaşayın artık
Bir gün bütün günahlarınız bağışlanacak Tanrı katında
Ne cehennem ateşleri ne o köprüler kıldan ince
Sizin için değil
Siz öyle Tanrıların böyle kullarısınız işte

Şimdi de oturmuş tuz-biber ekiyorsunuz yaramıza
Kiliselerde camilerde öğütler veriyorsunuz Tanrı adına
Sonra her gece bir cinayet işliyorsunuz
Temiz çarşaflarda pis kanınız
Uykularımızda gölgeniz korkunç belalı
Sizi sayıyla mı verdiler bize?
Defolun karşımızdan
Bize kendi derdimiz yeter
Kanınızı bulaştırmayın ellerimize

Yüzsüzlüğün bu kadarına pes doğrusu
Haydi biraz eğin başınızı
Bizden af dileyin
Kederimizi anlayın artık
Saygı gösterin sevgimize
Belki sizi affedebiliriz
Ne de olsa insanız biz de
Bir zayıf tarafımız vardır

Nasıl aldandık bunca zamandır
Nasıl inandık güzelliğine hayatın
Bize ne doğan güneşten
Büyüyen buğdaydan akan sudan bize ne?
Alabildiğine kederliyiz yorgunuz
Bize dostluğu öğrettiniz
Bize sevmesini öğrettiniz böyle delicesine
Sevdikse günahlarımız Tanrı'nın boynuna
Sevilmedikse insanlar utansın kederimizden
Ne aradık ne bulduk dünyanızda söyleyin
Bir sevgiyi bile çok gördünüz bize
Öpüştük uykularımızda, ayıpladınız
Kara kara yengeçleri saldınız üstümüze
Şimdi de bir yaşamaktır tutturmuşsunuz
Rahat bırakın bizi
Göğüyle deniziyle
Taşıyla toprağıyla
O yoktan var ettiğiniz Tanrı'sıyla
Dünyanız sizin olsun

Boğaz tokluğuna yaşamlar bizi kurtarmaz artık
Biz oldum olası kör doğmuşuz
Brakisefal kafalarımız bir işe yaramıyor
Hele şu biçimsiz ayaklarımızın haline bakın
Aptallığımız yüzümüzden belli
Aynaya bakıp gülüyoruz
Oysa bütün çirkinliğimiz aşikâr ayna gibi
Söyleyin bir Shakespeare mi akıllıydı içimizde
To be or not to be

To be or not to be bir şey değil yine
Sen olmasan benim varlığımdan ne çıkar
Ama sen yoksun işte
Bense bütün insanlar gibi ha varım ha yoğum
Yine sana çıkıyor bütün yollar
Yine bütün iki kere ikiler dört ediyor
Dönüp dolaşıp aynı yere geliyorum

SANA BİR TANRI GETİRDİM

(Adagio)

SANA BİR TANRI GETİRDİM

Hani o iki kişilik dünyalar bizimdi
Hani sen iyiydin
Halden anlardın
Hani sen git demeyecektin bana
Ve ben her şeye rağmen gelecektim
İçimde bir umut
Ellerimde olgun meyveler
Dünya nimetleri
Gözlerimde yanıp yanıp sönen bir pırıltı
Ama ne sen gel dedin
Ne de ben gelebildim her şeye rağmen
Aşkımız ayrılıklarla başladı

Delidolu akan nehirlerden tas tas sular içtik
Öyle ateşlerle doluydu yüreklerimiz, öyle tutkundu
Karlı dağların serinliğinde uyurduk geceleri
Deniz fenerlerinin ışığında yıkanırdık
Köpükten bir çalkantıydı içimizde zaman
Ne yana baksak denizdi, maviydi, ışıktı
Sonra bir çaresizlikti zifir
Akıntıya kapılmış gemiler gibiydik

Bir org çalınır gibi yanı başımızda
Öyle kendinden geçmiş öyle başıboş
Öyle derin duygular içindeydik anlatılmaz
Sarhoş rüzgârlara bıraktık kendimizi
Aldığını geri vermez dalgalara
Görmediğimiz ülkeler gördük gün doğusunda
Tatmadığımız yemişlerden tattık günahkâr olduk
Alevden bir tasta eridi günler
Bir cehennem ateşiydi aşk içimizde
Hiç sönmeyecekmiş gibi yanıyorduk

Tutsaklığımız nasıl başladı bilinmez
Paslı demir kapılar kapandı üstümüze
Taş duvarlarda kayboldu boğuk seslerimiz
Çaresizliğimizi bize aynalar söyledi inanmadık
Kuşatıldık ansızın kederle, ayrılıkla
Aman vermez karanlıklar sardı dört yanımızı
Yalnızlık bir ağrı gibi çöktü başımıza
Uyuduk, bir daha uyanamadık

Şimdi bir kutup var sana çeker beni
Bir kutup var senden öteye
Ben onun için böyle ortalıkta kaldım
Dağ yollarında, caddelerde, sokaklarda
Onun için bulup bulup yitirdim seni
Hangi kapıyı çaldıysam sen açtın bana
Hangi gözümü yumduysam seni gördüm
Zamandın, zamandan öte bir şeydin
Yıllarca bir meşale gibi yandın uzaklarda

Bu manyetik alanda boğulmam senin yüzünden
Bu zincirleri sen vurdun ellerime
Sen getirdin bunca karanlıkları
Al şunu, mumu yak
Korkuyorum
Bir taş aldım attım denize
Günahlarımdan kurtuldum
Alfabenin yirmi sekizinci harfindeyim
Öteye gidemem
İtme beni

Benim de bir insan tarafım vardı
Bakma böyle kötü olduğuma
Benim de dileklerim vardı
Benim de bir beklediğim vardı yaşamaktan
Yeter artık vurma yüzüme çirkinliğimi
Her gün bir kadın ağlar benim yüzümde
Büyük dertler içinde benim ellerim
Anlamıyor musun?
Sen sevildiğin için güzelsin bu kadar
Ben sevilmediğimden böyle çirkinim

Bütün kötü yerlerde ben kokarım
Biliyorum
Bir hayvan leşiyim, öleli kırk gün olmuş
Fabrika bacalarında bir kara dumanım
Zehirim akrep kuyruklarında
Kötüyüm sevemediğin kadar
Öyle fenayım
Kapanmış bıçak yaralarında
Bu pis çöp tenekelerinde unut beni
Unut artık
Bayat bir ekmek gibi
Çürümüş bir elma gibi

Sarı badanalı evlerde kazanlar kaynar
Sarı badanalı evlerde günah işlenir her gece
Sarı badanalı evlerde ölüler yıkanır
Sarı badanalı evleri sev biraz
Bu evlerde zaman benim akşamlarımdır yitirilmiş
Bu kazanlarda benim gözbebeklerimdir kaynayan
Bu sarılarda benim yüreğim bir ölür bir dirilir
Anladım
Bu dünyada benden başka kimse yok beni anlayan

Tosca'dan bir arya hatırlıyorum şimdi
Sus biraz
Ensemde bir akrep yürüyor
Bırak yürüsün
Sabaha asacaklar beni
Dokunma
Yedi canım vardı ikisi gitsin
Bunca ölümler az gelir bana

Kalbimi yardım
Bir damla kan aktı
Kutuplara kar yağıyordu
Üşüdüm
Failâtun vezniyle seni çağırıyorum
Bana inbiklenmiş yeşilliğini getir
Dur gitme
Beş kuruşum vardı kaybettim
Dur gitme
Isırgan otlarından kurtar beni

Denizanalarının gözlerini çaldım
Sana bakmak için
Güneşi üçe böldüm
Al biri senin olsun
Yüzümde beş bıçak yarası var
Bir de sen vur
Barut kokusunu severim
Bir portakalı dilim dilim soy
Acıktım
Tut ki ben yoğum artık yeryüzünde
Tut ki bir marul yaprağıydım
Öldüm

Al şu serçeparmağım sende kalsın
Ben kötüyüm
Allahsızım
Korkunç çirkinim
Ben seksen sekizinci tûl dairesiyim
Sağ gözümün üç kirpiğini kestim
Al
Ben lanetlendim

Chopin'in cenaze marşı çalınıyor
Ölüler ayağa kalktı
Görüyor musun?
Şu soldan ikinci benim
Senin yüzünden öldüm
Şimdi sėni getiriyorlar karanlığıma
Ağlıyorum
Biraz sev beni
Gül biraz*
Yaklaş biraz
Seni affediyorum

---

* İlk basımda "Yaklaş biraz Gül biraz"dır.

Kuşkonmaz dallarına astım kendimi
Sedir ağaçlarına, gül yapraklarına
Başımı taşlara vurdum
Gözbebeklerimde büyük camlar parçalandı
Tanrısal duygular içindeydim
Bütün Tanrısızlığımdan uzakta
Bir kemiklerinin sertliğini aldım
Bir teninin aklığını
Sonra sıcaklığını dudaklarının
Gel bak
SANA BİR TANRI GETİRDİM
Gel bak
BİR TANRI YARATTIM SENDEN

Ankara, 1957

KARANLIĞIN GÖZLERİ

Ne zaman şiir yazmak istediysem
Seni yazdım, senden öteye gidemedim
Suçluyum, umutsuzluğum hiç geçmeyecek
Seni asla bulamayacağım sanıyordum
Rüya da olsa yalan da olsa şimdi
Seni buldum artık bırakmayacağım
Ve daha nice yıllar bütün yazdıklarım seni anlatacak
Allah'a inandığım kadar sana da inanıyorum inan

Ü. Y. O

KARANLIĞIN ÇAĞIRIŞI

Ben böyle olsun istememiştim
Ya sana çok yakın
Ya senden çok uzak olmalıydım
Aramızda aşılmaz engeller olsun istiyordum
Büyük dağlar, derin denizler olsun istiyordum
Sana gelmeye gücüm yetmemeliydi
Çaresizliğimin bütün hıncını mesafelere yüklemeliydim
Dağda yanan bir çoban ateşi gibi
Gökte bir yıldız gibi
Seni görmeli
Seni yaşamalı
Ve senden çok uzaklarda olmalıydım

Biliyorum güzelliğin yeraltı nehirlerine benzer
Biliyorum bir sır gibi güzelsin
Hani anlatılmaz duygular vardır
Hani şarkılar vardır
Sevip söyleyemediğimiz
Şiirler vardır unuttuğumuz
Aşina çehreler vardır hani
Zaman zaman hatırlayamadığımız
İşte sen o kadar güzelsin
Ve ben o kadar karanlıklar içindeyim ki
Şunlar ellerindir diyorum, tutamıyorum
Şunlar gözlerindir diyorum, bakamıyorum
Düşün, kahrımdan ölmeliyim artık
Ölemiyorum

İnanmak var olmaktır, bilirsin
İnandığımız şeyler için yaşayalım
Nice sabahlar, nice aydınlıklar
Gelecek nice iyi günler için yaşayalım

Sen sarı gülleri seversin
Sarı karanfilleri seversin
Sarı kasımpatlarını
Sarı bir dünyayı seversin
Ben sende olan bütün renkleri seviyorum
İşte tek farkımız bu
Yoksa, hiçbir şey önemli değil dünyada
Senden başka
Ne zulümler
Ne kavgalar
Ne günler, ne geceler hiçbiri önemli değil
Sen yaşadıkça
Ve yaşamak hiçbir zaman
Bunca güzel olmayacak
Sen yaşadıkça

Bir kalbim var et, kan, sinir
İki gözüm var seni görür
Ayaklarım sana gelir
Ellerim seni arar
Bir dünya ki kocaman
Bir evren ki sonsuz
Sen olmasan neye yarar?

Şimdi söyle bana bütün çirkinliğimi
Yalanlarımı
Kötülüklerimi yüzüme vur artık
Utandır beni yaşadığıma
Çaresizliği suratıma bir tokat gibi indir
Yanağımda beş parmağının izi kalmalı
Sonra geç karşıma
Olanları unutalım
İki eski dost gibi
Her şeye yeniden başlayalım
Yeniden yaşayalım geçmiş gelecek bütün yılları
Bütün kederleri ve sevinçleri paylaşalım
Sana sevinç düşsün, bana keder
Benim ellerimde kanlı diken yaraları
Senin ellerinde kanlı güller

Bir yere yaklaşıyoruz
Kulağıma sesler geliyor
Bir gemi demir alıyor olmalı
Belki bir adam ölüyor
Ne biliyorsun
Belki de bir sona yaklaşıyoruz
Yum gözlerini
Her şeyi zamana bırak
Yum gözlerini
Nasılsa akşam olacak

Korkma yaklaş karanlığa
Orada ben varım
Çaresizliğimize, zavallılığımıza
Gel, beraber ağlayalım

KARANLIK DENİZ

Şimdi seni düşünüyorum, biliyorsun
Aklıma ellerin geliyor önce
Yağmurlu bir gün hatırlıyorum
Islanmış bir serçe kuşu hatırlıyorum
Durup durup ölümü hatırlıyorum
Alnıma bir ışık vuruyor karanlıkta
Sonra alabildiğine bir sessizlik başlıyor
Alabildiğine bir deniz
Alabildiğine kum
İçim ürpertilerle dolu
Karanlık denizlerin ortasında
Seni düşünüyorum

Hani denizin insanı deli eden maviliği
Nerde o güneş parıltıları nerde?
Göremiyorum ama duyuyorum
Yaklaşan fırtına sen olmalısın
Bu rüzgâr senin hayallerin olmalı
Senin ümitlerin
Senin arzuların olmalı
Bütün karanlıklara razıyım
Yalnız uzaklarda, çok uzaklarda
Bir gemici feneri yanmalı

Bu korkunç ağırlıkları kim koydu başıma?
Bu marşandiz trenleri nereye gidiyor?
Ben bir katran deniziyim artık
Dalgalarım iri kayaları döver durur
Bütün yaratıklar derinliklerimde kapkara
Ne bir seven var beni
Ne bir anlayan bulunur

İçimde çalkalanan bir dünya
Kulaklarımda karanlığın uğultusu
Ve gözbebeklerimde korkuların en büyüğü
Bir büyük dünyada yalnız kalmak korkusu
Ölürsem korkudan öleceğim

Düşen yıldızlar gibi
Batan gemiler gibi yalnızlığım
Sisli şafaklar doğar ufkumdan
Kör bıçaklar bilenir düşlerimde her gece
Kirli bir güneş kahreder dalgalarımı
Bir çamur yığını sıvanır yüzüme
Gitgide artar yalnızlığım
Sonra duyarım iliklerimde sabahın olduğunu
Bir yosun parçası kımıldanır, gerinir
Bittiği yerde başlar yalnızlığım

Pusulalar işlemiyor artık
Yıldızlar yol göstermiyor
Rüzgâr bile ihanet etti bize
Bir saçların vardı deli divane olduğumuz
Bir saçların vardı
Bir saçların vardı
Alnına düşerdi akşamları
Hiç değilse yaşadığımızı bilirdik hayal meyal
Nefes aldığımızı
İnsan olduğumuzu bilirdik
Saçların bizi kurtarırdı düştüğümüz girdaplardan
Bizi bir derinlerden yeryüzüne çıkarırdı
Her telinde mevsimleri seyrettiğimiz*
Varlığını en büyük mutluluk bildiğimiz
Bir saçların vardı
Bir saçların vardı deli divane olduğumuz

* İlk basımında olmamasına karşın bu mısra "Tüm Şiirleri"ne eklenmiştir.

Şimdi bütün gün üstüme yağmur yağıyor
Bütün gece kar
Yalnızlığın tam ortasındayım artık
Yalnızlık kadar

Bilsen nasıl üşüyorum
Al şu ellerimi ısıt biraz
Ya da al götür bu soğukları
Bu yağmurları
Görmüyor musun, beni öldürecekler artık
Beni öldürecekler diyorum sana
Geçmiş gelecek bütün yıllarım
Bütün umutlarım senin olsun al
Beni bu karanlık denizlerde bırakma

KARANLIKTA ERİMEK

Şurada bir kapı olmalı
Senin ölümsüzlüğüne açılan
Bir kapı olmalı şurada
Bulabilsem
Kollarımın bütün gücüyle vuracağım
Er geç sesimi duyuracağım sana
Başımı soğuk demirlere dayayıp
Adını söyleyeceğim mahşer gününe kadar
Dağlara taşlara güzelliğini haykıracağım
Ve bütün yaratıklara
Rüzgârın söylediği bir masal gibi
Seni anlatacağım

Dünyaya ilk gelişimiz değil bu
Yüz binlerce yıl önce
Bir de taş devrinde gelmiştik
Senin için vahşi hayvanlar vurmuştum o zaman
Pars dişlerinden bir gerdanlık yapmıştım boynuna
Nice mağara duvarlarına güzelliğini kazımıştım
Nasıl hatırlamazsın
O zaman da gökyüzü bu kadar mavi
Ormanlar yemyeşildi
O zaman da
Yalnız karanlıktan korkar
Güneşi Tanrı bilirdik
Bunca yüzyıldır
İnan
Hiçbir şey değişmedi yeryüzünde
Belki biz değiştik

Sevgilerimizi söyleyemez olduk
Göremez olduk nice güzellikleri
Yalanı öğrendik
Utanmayı öğrendik
İnandık sonraları
Bütün yaratıklardan üstün olduğumuza
Büyük zekâmız
Önce kafesi, zinciri, zulmü icat etti
İyilik, güzellik ve doğruluk adına
Hiçbir şey kalmadı inandığımız
Aradan bin yıllar geçip
Atom parçalanıncaya kadar
Zaten paramparça olmuştu insanlığımız

Böylece bir karanlığa düştük
Karanlık bizi başka bir karanlığa götürdü
Sarnıçlardan, dehlizlerden, girdaplardan geçtik
Sana yaklaşmak için
Dallarından gün ışığı geçmeyen ormanlara düştük

Aramızdaki demir kapı belki hiç açılmayacak
Senin ışığını görmeden kapanacak gözlerimiz
Karanlık aman vermiyor
Hangi perdeyi aralasak gece
Ne yapsak çaresiz
Kokunu getiren rüzgâr da olmasa
Bir manası kalmayacaktı yaşamanın
Şimdi hiç değilse
Hayaliyle avunmadayız
Zaman içinde bir başka zamanın

İnsan çırpındıkça bir bataklığa saplanıyor
Yaşadıkça ölüme
Çaresiz olmak bir şey değil
Çaresizliğini kabullenmek zor geliyor insana
Aynaya bakıyorum
Bir beyazlık, bir boşluk
Hani benim yüzüm
Dudaklarım, ellerim hani?
Halbuki gözlerim de görüyor
Kör değilim
Fakat sen varsın içimde
Yakan, kör eden bir karanlığın var senin
Nefes nefes yaşadığımız
Avuç avuç içtiğimiz bir karanlığın var

Kahrolası zamanın ortasında
Büyük bir fırın yanıyor besbelli
Alevleri asırlık çınarlar gibi
Büyük bir fırın yanıyor
Görüyor musun?
Şimdi bütün ihtirasların sustuğu saatteyiz
Elini sürdüğün her şey yok olabilir
Her şey eriyebilir şu anda
Bu varlığın yokluğa yaklaştığı andır
Zayıf ellerin bu anda bütün yaratıklardan
Bu an iri gözlerinde her şey yüce
Ne insanlar fâni
Ne dünya ölümlü

Al beni de erit ateşinde gözbebekleri
Erit beni
Ruhumu aşkının potasında yak
Kahrolsun bu karanlıklar
Bu mesafeler
Bu zaman
Ben seni istiyorum
Ya seninle yaşamak
Ya da sende yok olmak

KARANLIĞIN GÖZLERİ

Şimdi yoksun
Seni dilediğim gibi düşünebilirim artık
Tutar ellerini öpebilirim uzun uzun
Kimseler ayıplayamaz beni
Yokluğunda seni nasıl sevdiğimi anlayamazlar
işte gözlerin, işte dudakların
Senin olan ne varsa karşımda duruyor
Ayaklarını dilediğim yere götürebiliyorum artık
Sevdiğim şarkıları söyletiyorum dudaklarına
Ve hoyrat ellerimle seni
Her gün biraz daha güzelleştiriyorum

Bütün resimler sana benziyor
Hayret
Bütün aynalarda sen varsın
Nereye gitsem peşimden geliyorsun
Şimdi sigarasın dudaklarımda
Biraz sonra beyaz bir kâğıt
Ve akşam içtiğim bir kadeh içki olacaksın

Kimse yokluğunda bunca sevilmedi
Kimse yokluğunda ilahlaşmadı bu kadar
Saçların böyle daha güzel
Sen daha güzelsin
Gelecek mutlu günlerin ışığında
Her şey daha güzel
Ne var ki ayrılığın adı kötüye çıkmış
Yoksa bin yıl daha yaşamak isterdim
Ve seni bin yıl daha
Ayrılıklar içinde sevmek isterdim

Ama biliyorsun nihayet ben de insanım
Umutsuzluğa düştüğüm anlar oluyor
Hiç gelmeyeceksin sanıyorum
O zaman kurşun gibi bir korku saplanıyor kalbime
Katran gibi bir yalnızlıktır sarıyor içimi
Yalnızlığımdan utanıyorum

Beni sevmesen ölürdüm
Beni sevmesen bir çakıltaşıydım şimdi
Beni sevmesen bir duvar gibi sağırdım
Kördüm bir ot kadar
Ölümden acıydım, ölümden beterdim
Beni sevmesen
Dünyayı bütün insanlara zindan ederdim

Beni bunca saracak ne vardı?
Kanıma girecek
Gözbebeklerime oturacak
Bir senfoni gibi kulaklarımdan eksilmeyecek
Ne vardı?
Hiç karşıma çıkmasaydın
Bu kör olası gözler görmeseydi seni
Ne vardı
Güzelliğini hiç bilmeseydim
Bir dua gibi bellemeseydim adını
Ne vardı bütün gece
Gözlerimi tavana dikerek
Seni düşünmeseydim

Belki karşımda değilsin yanılıyorum
Bu gözler senin gözlerin değil
Aldatıyorlar beni
Karanlığın gözleri olmalı bunlar
Bana böylesine keder veren
Gülmeyi, yaşamayı haram eden
Bir karanlığın gözleri olmalı
Öyleyse sen hiçbir yerde yoksun
Sana hiçbir zaman yaklaşamayacağım
Yalan bu geçici sevinç, bu nur, bu ışık
Bu karanlığın ortasında yanan alev gözler
Bu bir kadeh içki gibi aydınlık

Ne dedimse inanma
Seni değil kendimi aldatıyorum
Sen istediğin kadar
Varlığın ta kendisi ol
Ölümsüzlüğün ta kendisi
Ben günden güne yok olmaktayım
Bütün ışıkları kaldırıp attım bir yana
Anlamıyor musun?
Gökyüzü güneş olsa
Sensiz karanlıktayım

Ankara, 1960

SAHİBİNİ ARAYAN MEKTUPLAR

ÖNSÖZ

Sahibini Arayan Mektuplar'ı okuyanlar, sahipsiz bir mektup olmanın o büyük acısını acaba duyacaklar mı?

Bu mektuplar; sırlarını, hüzünlerini, yalnızlıklarını söyleyecekler mi onlara? Kim bilir?

Ben bu kitabı yazarken daha çok yıllardır mektup bekleyen insanları, postacının her geçişinde "mektup var mı?" diye soran ve daima "yok" cevabını alan insanları düşündüm. Sevdiklerinden gelecek bir tek mektupla ömürleri boyunca avunacak o yalnız insanları.

Bitirdiğim zaman kendi kendime sordum:

Bu mektupları kime gönderecektim?

Zarfın üzerine hangi birinin adını yazacaktım? Dünyada yalnız insan o kadar çoktu ki!

Onun için bu kitabın adını SAHİBİNİ ARAYAN MEKTUPLAR koyuyor, onu bütün sevenlere ve yalnızlara armağan ediyorum.

20.3.1961

BİRİNCİ BÖLÜM

Tuttum resmini indirdim duvardan.
Duvar ağlamaya başladı.

BİRİNCİ MEKTUP

Geceydi... Bütün insanların çırılçıplak olduğu bir zamandı. Onları düşünüyordum; gümüş tepsilerdeki kristal kadehlerden zamanı yudumlayan insanları düşünüyordum. İrili ufaklı aynaların karşısında enseleri bembeyaz kadınlar boyanıyordu. Uzun uzun parmakları vardı kadınların. Öpülmeye alışmış dolgun dudakları vardı. Kocaman kocamandı kalçaları. O kadınları düşünüyordum.

Bir kurt bir geyiği kovalıyordu yüreğimde. Geyik soluk soluğaydı, yorgundu, bitkindi. Karların üzerinde akıp giden bir yıldız gibiydi. Koşuyordu. Koşmak kurtuluş değildi belki, ama bir ümitti. Koşmalıydı.

Oysa birer namlu ağzıydı kurdun gözleri. Avına güvenle, şehvetle yaklaşıyordu. Yeni bilenmiş, sedef saplı bıçaklara benziyordu dişleri. Bütün dileği et ve kandı, istese geyiğe hemen yetişebilirdi, ama uzasın istiyordu bu şehvetli koşu, bu bütün damarlarına yayılan sarhoşluk bitmesin istiyordu.

Ben seni düşünüyordum. Çünkü geceydi. Sevişme zamanıydı insanların. Yalnızdım. Beni kuşatan duvarlar birer beyaz çarşaftı bu saatte. Kapılar tüylü, yumuşak battaniyelere benziyordu.

Ben seni düşünüyordum. Kim bilir ne güzeldin soyunduğun zaman? Nasıl kadındın? Nasıl öpüşürdün kim bilir? Nasıl kadın kadın kokardı her yerin? Tutup avuçlarıma sığdırıyordum seni, gözlerime, dudaklarıma sığdırıyordum.

Sensiz kahrolmak vardı. Seninle yaşamak vardı doludizgin. Seninle her gece birbirimizi yenilemek vardı odalarda. Odalara sığmamak vardı. Bir sel gibi taşmak vardı gecelerden.

Elimi uzatsam tutabilirdim seni, öyle yakındın. Zamana kokun sinmişti. Belki de uzaktın, günlerce koşsam yetişemezdim sana. Zamana kokun sinmişti.

Tuttum resmini indirdim duvardan.

Duvar ağlamaya başladı.

İKİNCİ MEKTUP

Aramak... Ömür boyunca aramak... Yalnız seni aramak... Paslı teneke kutularda, küf kokan dolaplarda, çerçevelerde, tenhalarda, ağaç diplerinde, sonra vapurlarda, trenlerde hep seni aramak. Belki bu şehirde değilsin. Ne çıkar? Seni arıyorum ya. Belki de aynı sokakta evlerimiz, sabahları beni görüyorsun işime giderken. Sonra akşamı bekliyorsun, alacakaranlığı... Beni bekliyorsun ya da bir başkasını, bir başkasını.

Hiç gel, demeyeceğim sana. Aramak neredeyse ben oradayım. Ayaklarım ne güne duruyor? Yok yok birden karşıma çıkma. Kaç, saklan. Seni aramak istiyorum.

Git bu şehirden haydi git. Dağlara çık, o uzak dağlara. Rüzgârların krallığında hüküm sür. Baktın ki oraya da geldim, yine kaç. Başını al, açıl denizlere. Gemilerin en güzeli, en büyüğü dilediğin limana götürmeli seni, dilediğin yerde demir atmalı. Ben küçük bir balıkçı kayığı ile peşinden gelsem yeter. Seni arıyorum ya!

Bir yıl, beş yıl, on yıl değil; beşikten mezara kadar aramalı insan, ama ne aradığını bilmeli. Yaklaşıp uzaklaşmalı aradığından. Okyanus dalgaları üstünde bir küçük tekne gibi alçalıp yükselmeli. Yalınayak koşmalı yollarda, ayaklarını sivri taşlar kesip kanatmalı. Çöllerden geçmeli yolu, yanmalı, kavrulmalı. Sonra gözün alabildiğine ak, soğuk ülkelere düşmeli. Buzlar kırılmalı ayaklarının altında, üstüne kar yağmalı.

Bir gün bulacaksam bile parça parça bulmalıyım seni. Ayaklarını Afrika'dan getirip bir kâğıt üzerine yapıştırmalıyım, saçların Sibirya'da olmalı, dudakların Çin'de. Gözlerin Hindistan'da bir mabudun gözleri olmalı, ellerin İtalya'da bir heykelin elleri. Bulsam da seni parça parça bulmalıyım.

Yine de bir yerin eksik kalmalı.

Yeniden yollara düşmeliyim, onu aramalıyım.

Ve tam seni tamamladığım anda ölmeliyim.

ÜÇÜNCÜ MEKTUP

Gelme diyecektim, geldin. İyi ettin geldiğine. Nerdeyiz? Bir şehir yanıyor, dikkat et. Tutuşabiliriz, işte ilk ateş gözlerine düştü, sonra dudaklarına, saçlarının arasına kıvılcımlar doldu ışıl ışıl. Yanıyorsun, yanıyorum, yanıyoruz.

Aramakla yetinsek bunlar gelmeyecekti başımıza. Yine de memnunum. İyi ettin geldiğine. Taş olup kalmaktansa, ağaç olup yanmak iyi. Ellerini ver, ellerini. Öpüşmeye susadım. Tırnak uçlarından öpmeye başlayacağım seni. Titreme, yanıyorsun.

Koluma yat, sağ koluma, güçlü, erkek koluma. Dağılsın saçların, bırak. Nasıl olsa onları da öpeceğim tutam tutam. Kulak memelerini, gür kaşlarını, dudaklarını da öpeceğim. Dolgun dudaklarını, seven, sevdiren dudaklarını. Dişlerim, dişlerine değecek. Yum gözlerini, artık yaşamıyoruz. Belki de yaşamak bu, bizim bilmediğimiz.

Öyleyse yeni yeni başlıyoruz yaşamalara, derin nefes almalara, o ölümsüz olmalara.

Bir ekşi elma ısırıyordum, dişlerim kamaşıyordu omuzbaşlarını gördükçe ve biraz sen oluyordum sevdikçe, seviştikçe.

"Işığı söndür," diyordun, inadına yakıyordum. Yalvarıyordun, çıldırıyordum. Hiç ağlamadın. Ağlasan ne değişecekti. Ama ağlamadın işte yükseldin, yüceleştin, Tanrılaştın bir yerde. Öyle güzeldin anlatılmaz.

Alnımdan ter boşanıyordu, saçlarım yapış yapış olmuştu. Yüz merdiven inip yüz merdiven çıkıyordum bir dakikada. Derin bir kuyudan su çekiyordum. Bir mağara ağzından sana sesleniyordum. Karanlıklar içinde birbirimizi aydınlatıyorduk.

Sağır bir zamandı yaşadığımız. Sağır ve merhametsiz. Kör bir geceydi yumruklayan kapıyı, kör ve dilsiz.

Artık hiç sönmeyecektik, biliyordum.

DÖRDÜNCÜ MEKTUP

Senden hiç ayrılmamak vardı. Zamanı durdurmak, bütün saatleri parçalamak vardı. İsyan içindeydim. Neydi bu çaresizlik? Bizi çepçevre saran bu dört duvar neydi?

Bir ara Tanrı'yı düşündüm, peygamberleri, dinleri, kitapları düşündüm. Boş inançlarımız mıydı çaresizliği yaratan? O bizim eserimiz miydi? Öyleyse neden bizden büyüktü, güçlüydü?

Bunca yıl neyi aramış, kimi özlemiştim? Mademki benim olmayacaktın neden seni karşıma çıkardılar? Kim yaptı bunu? Bu kötülükler kimin eseri? Tanrı'nın işi yok da bizi mi görsün? Öyleyse kime inanacağız?

O kitaplar ki sabırdan bahsediyor. Ama ne kadar? Nereye kadar?

O dinler ki duadan bahsediyor. Kime, niçin ve ne zaman?

O peygamberler hiç sevmediler mi?

Ben sana inanıyorum kitaplara değil.

Ben seni istiyorum. Dua değil. Sabır değil.

Artık gideceksin, biliyorum, vakit geç oldu. Yatakta izin kalacak, havada kokun ve yastığın üzerinde bir iki tel saçlarından. Telaş içinde giyinmeye başlayacaksın. "Çoraplarında eğrilik var," diyeceğim, düzelteceksin. Dudaklarını boyarken, eğilip ensenden öpeceğim, için sevgiyle dolacak. Gözlerin ışıl ışıl, "Üzülme, üzülme," diyeceksin, "yine geleceğim."

Ya gelmezsen? Hayır hayır geleceğine inanıyorum. Fakat yine gideceksin. Yine gideceğini bilmek kötü. Dayanılmaz bir şey bu.

Hatırlıyorum; elini uzattın, "Allahaısmarladık," dedin, gittin. Gözden kayboluncaya kadar baktım arkandan, sonra kapıyı kapattım, bir başka kapı açıldı yalnızlığa.

Yürüyemiyordum, oturamıyordum. Yattım, uyuyamadım. Sanki yerçekiminden kurtulmuştum, boşluktaydım, ağırlığım kalmamıştı.

Elimde, tam nabzımın üzerinde bir saat işliyordu her şeyden habersiz. Çıkardım, duvara çarptım, parçalandı ve durdu.

Fakat sadece saatin sesiydi kaybolan. Yoksa zaman ilerliyordu.

BEŞİNCİ MEKTUP

Ayrılık diye bir şey yok. Bu bizim yalanımız. Sevmek var aslında, özlemek var, beklemek var. Şimdi nerdesin? Ne yapıyorsun? Güneş çoktan doğdu. Uyanmış olmalısın. Saçlarını tararken beni hatırladın, değil mi? Öyleyse ayrılmadık. Sadece özlemliyiz ve bekliyoruz.

Zamanı hatırlatan her şeyden nefret ediyorum. Önce beklemekten. Ömür boyunca ya bekliyor ya bekletiyor insan, ikisi de kötü, ikisi de hazin tarafı yaşantımızın.

Bir çocuğun önce doğmasını bekliyorlar, sonra yürümesini, konuşmasını, büyümesini...

Zaman ilerliyor, bu defa para kazanmasını, kanunlara saygı göstermesini, insanların sevmesini, aldanmasını, aldatmasını bekliyorlar. Ve sonra ölümü bekleniyor insanoğlunun.

Ya o? Ya o? İnsanlardan dostluk bekliyor, sevgilisinden sadakat, çocuklarından saygı ve bir parça huzur bekliyor, saadet bekliyor yaşamaktan. Zaman ilerliyor, bir gün o da ölümü bekliyor artık. Aradıklarının çoğunu bulamamış, beklediklerinin çoğu gelmemiş bir insan olarak göçüp gidiyor bu dünyadan. İşte yaşamak maceramız bu.

Yaşarken beklemek, beklerken yaşamak ve yaşayıp beklerken ölmek!

Özleme bir diyeceğim yok. O kömür kırıntıları arasında parlayan bir cam parçası. O nefes alışı sevgimizin, kavuşmalarımızın anlamı. O tek güzel yönü bekleyişlerimizin.

İnsanlığımız özleyişlerimizle alımlı, yaşantımız özlemlerle güzel.

Özlemin buruk bir tadı var, hele seni özlemenin. Bir kokusu var, bütün çiçeklere değişmem. Bir ışığı var, bir rengi var seni özlemenin, anlatılmaz.

Verdiğin bütün acılara dayanıyorsam, seni özlediğim içindir. Beklemenin korkunç zehri öldürmüyorsa beni; seni özlediğim içindir. Yaşıyorsam; içimde umut varsa, yine seni özlediğim içindir.

Seni bunca özlemesem; bunca sevemezdim ki!

ALTINCI MEKTUP

Bugün bir yalnızlığa düştüm yine. Başımı ellerimin arasına aldım, sessizce ağlamaya başladım. Önümde yarıya gelmiş bir konyak şişesi, "Beni iç," diye fısıldıyordu, "beni iç." Sonra yalvarmaya başladı: "Ne olur," dedi, "ne olur haydi iç beni."

Bir bardak doldurdum, tepeme diktim. Şişe rahatladı, sustu. Hani ellerimiz birbirine değince nasıl oluyorduk? İşte öyle oldum. Hani bakışlarımız buluştuğu zaman, bir başka türlü atması vardı yüreklerimizin. Onu hatırladım.

Sonra bir tren hareket etti. Sabahtı. Karşı karşıyaydık. Konuşuyorduk. Ben sevmek diyordum durmadan. Gözlerim gözlerine soruyordu: "Seviyor musun?" diye. Hep evet, diyordu gözlerin, ellerin, dudakların hep evet diyordu. Oysaki birçok hayır diyen insanlar vardı çevremizde. Örneğin: Bir çocuk hayır, diyordu, bir kadın, bir adam ve bir başkası, bir başkası hayır diyordu. Hayırlar arasında ezilmeye mahkûmdu evet'lerimiz.

Tren ilerliyordu. Gözlerin gözlerime soruyordu ne olacak diye. Sigara üstüne sigara yakıyordum, kadeh kadeh içki içiyordum, fakat bilmiyordum ben de ne olacağını. Bizi sürükleyen bir akıntıydı. Durduramazdık onu, hükmedemezdik ona. Bir anafora rastlayıp yok oluncaya kadar akıp gidecektik işte. Peki anafor nerdeydi? Uzak mıydı? Belki çok yakındı kim bilir? Biz onu göremeyecektik. O gözlerimizi kör ettikten sonra saracaktı bizi buz gibi kollarıyla.

Tren ilerliyordu. Pencereden deniz görünüyordu. Denize akşam güneşi vurmuştu. Renk renk kayıklar gördük kıyılarda. Denize taş atan çocuklar gördük. Uzakta bir balıkçı ağlarını topluyordu.

Ve tren ilerliyordu. Kadere yaklaşıyorduk. Bir alacakaranlık bastı zamanı. Gözlerim gözlerindeydi. Ellerini tuttum, titredin. Acı acı bir düdük öttü. Bir şeyler koptu içimizden.

Sonra tren durdu, indik, yollarımız ayrı ayrıydı. Şimdi, o gün verdiğin yalnızlığı yaşıyorum.

YEDİNCİ MEKTUP

Burası büyük şehir, günahkâr şehir, o vurdumduymaz, o delidolu şehir. Ben bu şehirde sensiz yaşayamam. Bir gün kanıma girer şu kalabalık, şu caddeler, şu tıklım tıklım gazinolar. Burası şarkılar şehri, resim gibi kadınlar, kadın gibi erkekler şehri. Ben bu şehirde sensiz yaşayamam.

Yağmur yağıyor, iliklerime kadar üşüyorum. Güneş açıyor, utanıyorum yalnızlığımdan. Kar yağıyor. Ağarıyor çirkin yüzü merhametsiz sokakların. Güneş açıyor, utanıyorum yalnızlığımdan. Ben bu şehirde sensiz yaşayamam.*

İnsan bir vapur olmalı bu şehirde, bir tramvay olmalı, bir otomobil olmalı. En iyisi bir bulut olmalı, gelip evinin üstün-

---

* Bu paragraf birinci basımında olduğu halde, ikinci, üçüncü, basımlarda ve "Tüm Şiirleri"nde çıkarılmıştır.

de durmalı. Mademki bulut değilim; ben bu şehirde sensiz yaşayamam.

Şehirler de insanlara benzer. Gövdeleri, ayakları, dudakları, gözleri vardır, yürekleri vardır, kocaman kocaman elleri vardır. Bu şehrin yüreği sende çarpıyor. İnsan, sana kan taşıyan bir damar olamayacaksa; bu şehirde yaşamamalı. Çekip gitmeli.

Şehirler de insanlara benzer. Duyguları, açlıkları, uykuları vardır, kinleri ve nefretleri vardır, aşkları vardır, büyük. İnsan âşık değilse, bu şehirde yaşamamalı, çekip gitmeli.

Şehirler de insanlara benzer, insan bir şehir olamayacaksa, senin içinde yaşadığın; artık yaşamamalı buralarda, çekip gitmeli.

Bir gününde dört mevsim var bu şehrin. Her sokağında bir dünya var.

Bütün sefaletiyle, bütün çirkinliğiyle, bütün orospuluklarıyla bu şehir baştan başa sevgi. Bu şehir baştan başa sen.

Bu şehirde sevmeyen ya da seni tanımayan yaşadım demesin.

Ölüler susmasını bilmeli.

SEKİZİNCİ MEKTUP

Bana çılgın diyorsun, seni sevdiğim için. Yanılıyorsun, sevmek çılgınlık değil. Sevmek insan tarafımızı bulmamızda bence. Biraz da yaklaşmamızdır Tanrı'ya zaman zaman.

Dünyada sevmeyenlere, sevemeyenlere acımalı. Ot gelip ot gidenlere acımalı. Sevebilen insan kendini keşfetmiş insandır. Talihli insandır. Çektiği bütün acılara rağmen, mutlu, kıvançlı insandır o. Aşktır yücelten bizi ve derinliğimiz aşktandır. Gerisi boş, yalan.

Aşksa; sevmektir. Durmadan, nefes alırcasına sevmektir.

Sevmekle sevilmek ayrı şeyler... Sevilmeyi çoğaltmak, ona bir başka şekil vermek, daha da yoğunlaştırmak onu elimizde değil. Oysaki sevgimizi dilediğimiz gibi yoğurabilir, dilediğimiz şekli verebiliriz ona.

Derinlikse derinlik, yükseklikse yükseklik, genişlikse genişlik.

Sevmekte gücümüz var, irademiz, aklımız var. Biz varız sevmekte. Sevmek yaratmaktır bir bakıma. Sevilmekse; yaratılmak.

Demek ki biz seninle birbirimizi yaratıyoruz durmadan. Sen beni yarattıkça güzelsin işte ve ben seni yarattıkça güçlüyüm, daha bir insanım.

Beni sevmeseydin yine bir şey değişmeyecekti benim için. Sen biraz eksik kalacaktın, biraz sen kaybedecektin. O kadar.

Şimdi insanların en güzeliyiz, en iyisiyiz elbette. Seviyoruz, seviliyoruz.

Sevgimi anlamadığın ve ona saygı göstermediğin anda ölebilirim. Karşılık vermediğin anda değil. Birbirimizi yeniden yaratmaya devam edelim.

DOKUZUNCU MEKTUP

Kimdi o? Yanındaki kimdi? Ne konuşuyordunuz? İşte buna dayanamam. Kahrolurum.

Dün gece ne yaptın? Nereye gittin? Ah otursaydın, beni düşünseydin ya? Eğlenebildin mi bari?

Yatarken ne okudun? Sonra iyi uyuyabildin mi? Rüyanda neler gördün? Söylesene.

Anladım artık beni sevmiyorsun. Sevdiğini sanmakla yanılmışım.

Zaten çirkin bir adamım ben, sinirliyim, kıskancım, fazla hisliyim. Daima beni seveceğini düşünmemeliydim. Suçluyum. Kendimi sevgilerimin bencilliğinden kurtaramadım. Zayıf, bencil bir adamım öyleyse.

Sonra yalancıyım, ikiyüzlüyüm. Seninle konuşurken seninle yatmayı düşünüyorum. Sevgiyle elini tuttuğum zaman, aslında kalçalarını tutuyorum, bilmiyorsun.

Kendime göre hesaplarım da var benim. Yanımda olman gurur veriyor, sevinç veriyor bana. Fakat sana kimse bakmasın istiyorum, kimse konuşmasın seninle. Hep benim ol, durmadan benim ol. Günün her saatinde ve ölünceye kadar benim ol.

Beni seviyor musun? Evet mi? Öyleyse söyle. Kimdi o? Yanındaki kimdi? Nereye gidiyordunuz?

Seven zalimdir biliyorsun, aşk egoisttir. Sen zalim olma. Anlamıyorsun, anlamıyorsun... Biraz anla beni.

Sana sitem etmeyeceğim artık. Bütün suç benim. Seni bu kadar sevmemeliydim. Şu köhne ve utanmaz dünyada ne bir kimse bu kadar sevilmeye değer, ne de bir kimsenin bu kadar sevmeye hakkı var.

Kendimizi ne sanıyoruz? Biz neyiz ki? Sus, cevap verme. Teselliye ihtiyacım yok.

Seni bu kadar sevmenin cezasını kendime ödeteceğim.

Göreceksin.

ONUNCU MEKTUP

Dün bir şiir daha yazdım senin için. Önce tuttum karşıma oturttum seni, konuşturdum, güldürdüm, ağlattım. Her halin hoşuma gidiyordu. Kadındın, ama önce insandın. Güzeldin, ama önce iyiydin. Elbette seni yazacaktım, senin için yazacaktım.

Bana, "Çok yazıyorsun," diyorlar. Bir insana, "Sen çok yaşıyorsun, artık öl," denir mi? Benim yaşamam ve şiirim birbirinden ayrı şeyler değil ki! Yaşarken şairliğimi yaşıyorum ben.

Yürürken, konuşurken, sevişirken hep şairliğimin içindeyim, o da benim içimde. Birbirimizi tamamlıyoruz durmadan.

Sen hiç denize baktığın zaman bir orman gördün mü? Dağların gökyüzüne en yakın olduğu yerde yeraltı nehirlerini düşündün mü hiç? Öpüşürken, sevişirken açların, yoksulların yüreği çarptı mı sende? Güldüğün zaman Afrika'da isimsiz bir zenciyi hatırlayıp onun büyük acısını duydun mu derinden?

Senin o güzel gözlerin bende yalnız seni görüyor. Seviyorsan beni seviyorsun, beni istiyorsun benden. Oysaki ben sende bütün insanlığı, güzelliği seviyorum. Al gözlerimi de kendine bir benim gözlerimle bak. Gör, ne kadar erişilmez, ne kadar yüce olduğunu.

Her maddenin bir atomu olduğu gibi bir şiiriyeti de vardır. Bilgin atomu parçalayan, sanatçı ise şiiriyeti bulan, işleyen ve onu sanat eseri haline getiren insandır.

Şiir bir köprüdür madde ile ruh arasında. Şiir güzelliğin en yoğun ifadesidir ve nefes alışıdır duygularımızın.

Atom gücü, elektrik gücü gibi bir de şiir gücü vardır dünyada. Sanatçı bu gücü ellerinde tutan kimsedir işte. Onu şiir, müzik, heykel ve resim haline getiren mutlu kişidir o.

Her zaman, her yerde söylemişimdir, "Hayatımdan şairliğimi çıkarırsanız geriye önemli bir şey kalmaz," diye.

Yazmamı bana çok görmeyin.

ON BİRİNCİ MEKTUP

Korkuyorum. Ölmekten mi? Hayır, yokluktan. Ölmek nihayet birkaç dakikalık mesele. Yürümek, uyumak gibi basit bir şey. Ama yokluk; ölüm. Evet, ölmek ve ölüm ayrı şeyler bence. Biri sonun başlangıcı, biri de son ve yokluk. Ölmekte şiir var, duygu var, anlam var. Ölüm, sadece karanlık, boşluk, anlamsızlık.

Doğmak başlangıcı yaşantımızın ve çilemizin. Ölmek sonu. Ölümse; öldükten sonraki zaman. O dizgin vuramadığımız at, o asla sahip olamadığımız kadın.

Ölmek elimizde, ölüm Tanrı'nın sırrı, bedeli varoluşumuzun.

Ölümsüz olmalıydı ölmek dünyada. İnsan dilediği anda ölmeli, dilediği anda yaşamalıydı.

Ölümün gelmesini bekleyenler, ölmeyi bilmeyenlerdir. Yaşamamız Tanrı'nın bileceği bir şey, zamana hükmeden o, ölüme hükmeden de o. Yalnız ölmek bizim. Onunla yetinmek kalmış bize bu ölümlü dünyada.

Bu tek hakkımızı da suç saymış bizden önce gelenler. Suç demişler, günah demişler. Yaşatmışlar yaşamışız, öldürmüşler ölmüşüz. Nerde kaldı bizim üstünlüğümüz? İnsanlığımız, zekâmız nerde kaldı?

Bitkiler, hayvanlar diledikleri zaman ölemiyorlarsa insan olmadıkları içindir. Ölmek asla şerefsizlik değil, hele korkaklık hiç değil. Yalnız yaşamaktan korkanlar, yılgınlar mı ölmek isterler sanıyorsun?

Cesaret başkalarına kötülük etme pahasına da olsa yaşamak mı? Cesaret, sürekli bir aldanmaya boyun eğmek mi? Durmadan aldatmak mı cesaret?

Kötü, korkunç bir dünya üzerinde yaşıyoruz. Bütün çabamız kendi kendimizi bitirmek ve son vermek insan nesline. Öyleyse bir adam eksilmiş olsa bu şuursuz kalabalıktan ne çıkar?

Hatırlıyor musun? Bir şiirimde:

Bir yere kadar yaşamak güzel
Ama bir yerde ölüm güzel oluyor

demiştim.

İşte bugün ölümün o güzel olduğu yerdeyim.

ON İKİNCİ MEKTUP

Ölmedim işte. Ölemedim. Demek ki yaşamam gerekliydi. Bir gizli kuvvet olmalı bizi yaşatan. Yaşamakla ölmek arasındaki maceramızı düzenleyen, çaresizliğimizi her yerde yüzümüze tokat gibi indiren bir büyük kuvvet olmalı.

Şimdi seni daha çok seviyorum. Meğer ölüm senin kadar güzel değilmiş. Şimdi güzelliğin daha yakıcı, daha alımlı. Bütün neden'ler senin için yaşamayı gerektiriyor şimdi.

Nasıldım nasıldım o gece, o gün bilemezsin? Eski, taş binalar üstüme yıkılıyordu, başımda parçalanıyordu vitrinlerin camları. Her taşıt beni ezip geçiyordu yanımdan. İnsanlar alnımda yürüyordu çamurlu, pis ayaklarıyla. Rüzgâr gırtlağıma yapışmış bir el gibiydi. Kitaplar, dergiler, gazeteler gördüm boyalı dükkânlarda. Hepsi ölmek diyordu. Yalnız ölümdü gördüğüm kaldırımlarda.

Artık her şey boştu, yalandı.

Kirli bir çamaşırdı üzerimde yaşamak. Umutlarımı yitirmiştim. Arayıp bulacak gücüm kalmamıştı. Öylesine yorgundum, bitkindim. Ellerimi sevmiyordum, gözlerim utanç veriyordu gözlerime. Damarlarımdaki kan rahatsız ediyordu beni. Ölmek, gitgide bir umut haline geliyordu içimde. Büyüyor, büyüyordu.

Boşlukta bir tel gerilmeye başladı... Gerildi, gerildi. Sonra kan rengi bir karanlığa düştüm. Duvarlar kırmızıydı, yerler, masalar, sokaklar, insanlar hep kırmızıydı. Ama karanlıktı yine, korkunç bir karanlıktı. Kırmızı sisler içindeydim. Dört yanım denizdi, kıpkızıl.

Sonra rengi değişti çevremin. Bulutlar dağılmaya başladı. İlk gün ışığı merhaba dedi pencereden, yeşil yapraklar el salladı. Bir adam uzun uzun öksürdü.

İlk ellerimi buldum vücudumda, derken ayaklarımı, gözlerimi, dudaklarımı, saçlarımı buldum.

Ve seni düşündüm. İşte o zaman yaşadığımı anladım, utandım.

ON ÜÇÜNCÜ MEKTUP

Er geç beni affedeceksin. Bir şey beklemeden, bir şey istemeden affedeceksin. Sevgin seni oraya götürecek.

Düşe kalka ilerleyeceğin yollarda, taşlar kanatacak ayaklarını. Issız, karanlık ormanlardan geçeceksin yapayalnız. Sonra bir bataklık başlayacak gözün alabildiğine. Omuzlarına kadar yapışkan çamurlara saplanacaksın. Durmadan yağmur yağacak üstüne, iliklerine kadar ıslanacaksın, üşüyeceksin. Ahtapot elleri gibi uzun, pis sarmaşıklar dolanacak ayak bileklerine. Dört yanında kara bataklık kuşları dönecek çığlık çığlığa.

Geçmiş zamanı düşüneceksin. O bir daha yaşanılmaz günleri, geceleri düşüneceksin.

Bataklığın son bulduğu yerde zift gibi koyu bir gece başlayacak geçmiş gecelere benzemeyen. Yürüyeceksin, ağır ağır ilerleyeceksin zamanın ve gecenin ortasında. Keskin bir rüzgâr çıkacak, merhametsiz kırbaçlar gibi parçalayacak yüzünü.

Sonra bir dağ yamacına varacaksın, bitkin ve perişan... Uzaklarda cılız bir ışık göreceksin. Sen yaklaştıkça büyüyecek, sıcak kollarıyla saracak seni. Fakat, sen o ışığın olduğu yere hiçbir zaman varamayacaksın ve bu gerçeği anladığın anda yıkılacaksın, korku ve ümitsizlik saracak yüreğini, ağlayacaksın.

İşte o zaman beni düşüneceksin, çektiklerimi, senin için katlandığım şeyleri düşüneceksin. Bulutlar dağılacak. Seni nasıl sevdiğimi, nasıl yüceleştirdiğimi, nasıl o erişilmez ışık haline getirdiğimi birer birer anlayacaksın.

Onun için beni affet demeyeceğim sana. Er geç anlayacak ve affedeceksin. Bunu biliyorum.

Karşılaşmamız kaderdi belki. Ama çektiğimiz çiledir bizi birbirimize yaklaştıran, o korkunç ümitsizlikler, büyük çaresizliklerdir.

Acılarımızı yitirmeyelim.

İstanbul Ocak-Mart 1961

İKİNCİ BÖLÜM*

Gittiğine inanmıyorum.
Gel demeyeceğim.

ON DÖRDÜNCÜ MEKTUP

İlk defa göz göze geldiğimiz ânı hatırlıyor musun? Kaçamak bir buluşmasıydı bu gözlerimizin. Seni istiyordum, biliyordun... Bakışların duygulu, anlayışlıydı, özlemliydi zaman zaman. Bakışların bir şarkı söylüyordu hiç bilmediğim. Seni dinliyordum, bakışlarını dinliyordum.

Dağbaşında apansız karşıma çıkan bir pınardı sanki gözlerin. Eğilip su içmek istiyordum kirpiklerinin arasından, içimde yaktığın ateşi söndürmek istiyordum. Ama o ateş gitgide büyüdü işte! Şimdi biraz da sen yan artık, benim yanacak yerim kalmadı.

---

* İkinci Bölüm, "Sahibini Arayan Mektuplar"ın ilk basımında yer almamış, 1962 yılından sonra yapılan ikinci ve üçüncü basımları ile "Tüm Şiirleri"nde vardır.

İnanamıyorum, sen var mısın? İnanamıyorum bir türlü. Tuttuğum ellerin mi? Öptüğüm dudakların mı? Kim bilir? Belki de yoksun, ben bir rüya görüyorum, biraz sonra uyanacağım. Her şey ansızın silinecek. Ne saçların kalacak ortalıkta, ne gözlerin. Yine kahredici yalnızlığıma döneceğim. Biraz daha yıkılmış, biraz daha sensiz.

O gün ilk defa seni gördüm. Düşün sen dünyaya geleli beri kaç yıl geçmiş aradan. Düşün ne kadar çok özlemiştim seni. Öyleyse hiç gitme, ne olur! Vereceğin her kedere razıyım. Acıların en büyüğünü sen tattır bana, zehirlerin en şiddetlisini senin elinden içeyim. Ama gitme ne olur?

Dudaklarım kurumuştu, içim yanıyordu. Suya hasret, kurumuş bir ot gibiydim. Yağmur olup yağdın üstüme, yeşerdim, filizlendim. Sonra güneş oldun, hayat verdin bana, koku verdin, renk verdin. Şimdi bırakıp gidersen bir daha ve son defa yine kuruyacağım, dağılıp toz olacağım anlıyor musun? Çünkü senden sonra kimse gelmeyecek, biliyorum. Kimseler çalmayacak kapımı. Gidersen beni bana mahkûm edeceksin, keşke ölsem diyeceğim o zaman, keşke ölsem!

Şimdi sendeyim, seninleyim, seni yaşıyorum. Beni bana bırakma!

Senden bir parçayım artık, belki de baştan başa sen oldum farkında değilsin. Beni bana bırakma!

Sen olduğun için mutluyum. Sen olduğum için de. İstersen ben olma. Hiç benim olma. Ama bırakma beni ne olur?

Beni bana bırakma!

ON BEŞİNCİ MEKTUP

Gözlerine baktığım zaman susmanın bir sebebi olmalı. Bana kendini anlat. Korkularını, dileklerini söyle bana. Aşktan ne bekliyorsun? Dostluk mu? Al, istediğin kadar... Yüreğimi apaçık önüne seriyorum işte! Orada sevdiğin, istediğin ne varsa al, senin olsun. Sana arzularımın ötesinden sesleniyorum.

Aydınlık! Sen en güzel aydınlık! Bizi bırakma. Kalplerimizde girmediğin köşe kalmasın. Çek, kurtar bizi insan yaradılışımızın korkunç karanlığından, içimizde, ta derinlerde kükreyen o vahşi hayvanı sustur. Düşüncemizi tırmalayan o kanlı pençelerden kurtar bizi. Unutulmuşların dünyasında biz unutmak istemiyoruz.

Hadi sevdiğim sen de aç yüreğini. Dostluğun o ölümsüz ışığı dolsun içine. Saçlarımı okşadığın zaman, annemin eli sanmalıyım ellerini. Dudaklarından yalnız aşkın hazzını değil, dostluğun doyulmaz içkisini de içmeliyim. Bana önce insanlığımı öğret, bana unutmamayı öğret. Seni hiç unutmak istemiyorum. Bilinmeyen içkilerin en zevk dolu sarhoşluğunda yaşayalım seninle. Kurtulalım bu korkulardan, bu çaresizliklerden.

Beni hiç unutmayacaksan sev, usanmayacaksan sev. Birlikte yaşayacağımız her dakika ömrümüzün bir yılına bedel olmalı. O dakikaları hatıraların sonsuz mezarlığına gömeceksek hiç yaşamayalım.

Önce zamandan kurtulmalıyız öyleyse, önce zamandan kurtulmalıyız. Birbirini yenilemek saatlerimiz. Yarın bugünü aratmamak. Yerçekiminden kurtulurcasına aşmalıyız zamanı seninle. O dost zamanı, o dostça zamanları.

Bana gel dediğin an; mesafeler de anlamını kaybetmeli. Yolları dakikalarla, günleri kilometrelerle ölçmemeliyiz. Beraberliğimiz, bütünlüğümüz hiç bitmemeli. O hiç sönmeyen dostluk ateşinin çevresinde hep böyle el ele, diz dize olalım. Ne yağmur söndürmeli o ateşi, ne rüzgâr. Yüreklerimiz hep böyle ışıl ışıl olmalı alevlerinde.

Hadi sevdiğim, sen de aç yüreğini. Bana kendinden bahset. Hep ben ol, durmadan ben ol istiyorum. Dudaklarım kurudu bak! Bir yudum su ver güzelliğinin pınarından. Acıktım dersem iyiliğinle doyur beni. Üşüyorsam; yalnız dostluğunun ateşinde ısınsın ellerim.

Benim olma demiyorum. Ama önce ben ol. İnan, ben hep senin olacağım, baştan başa sen olduğum için.

Aşkta kaybettiklerimizi dostlukla tamamlayalım. Gel, aydınlık bizi bekliyor.

ON ALTINCI MEKTUP

Artık aldanmak istemiyorum. Beni sevgilerinin ölümsüzlüğüne inandır, korkulardan, şüphelerden kurtar. Hiç aldanmamışların o engin iç rahatlığına hasretim. Ayıkla, arıt beni. Bütün insanlar aldanıyormuş, sürekli bir aldanmaymış yaşamak... Ne çıkar? Ben artık aldanmak istemiyorum ya! Sen ona bak... Onun için seni erişemeyeceğin bir yere çıkarmayacağım, olduğun gibi seviyorum seni. Olmanı istediğim gibi değil! Hiç olamayacağın gibi değil. Nerdeysen orda dur. Nasılsan öyle kal.

Bütün mevsimleri bir günde, bütün yılları bir mevsimde yaşamaya razıyım seninle. Yanımda olduğun zamanlar nasıl apaydınlık oluyorum, nasıl içim huzurla doluyor, görmüyor musun? Gözlerimin derinliğine bakma; başın dönmesin. Gelecek günleri düşünme, korkma büyük hazlar yaşamaktan.

Erişemeyeceğin hiçbir mutluluk yok. "Yaşadım," diyemeyeceğin hiçbir günün olmayacak benimle.

Hiç aldatma beni, hiç yalan söyleme. Bir gün aldatsan bile; aklandığımı senden öğrenmeliyim önce. O zaman ölsem de mutlu ölürüm inan. Biraz da olsa inanmış ölürüm.

Aldanmak... En büyük yıkıntısı iç dünyamızın. Aldanmak... Ses veren üç telimizden birinin kopması. Aldanmak o en son, fakat en kesin kabullendiğimiz gerçek. Sen hiç aldatma ne olur? Yıkılışım da sevgim kadar büyüktür benim. Bırak, kalbimden ses veren bütün teller ben yaşadıkça sana inanmayı söylesin. Sana kayıtsız şartsız inanmak olsun; bütün kazancım yaşamaktan. O zaman her şeye katlanırım. Korkulardan, endişelerden uzakta her saniye yaşadığımı bilirim. Çaresizlikler beni korkutmaz. Şu aşağılık dünyanın hiçbir acısı seni sevmeyi unutturamaz bana artık.

İnanmak; seni düşündükçe söylediğim bir şarkı olmalı dudaklarımda. İnanmak; gökyüzünün en karanlık zamanında bile görebileceğim bir yıldız olmalı. Dağlardan, denizlerden esen serin rüzgârlar gibi, senden gelen bir şey olmalı inanmak. Kimi gün kalem olmalı parmaklarımda, kimi gün kulağımda musiki, gözlerimde ışık olmalı; içtiğim suda, yediğim ekmekte sana tüm inanmanın tadını duymalıyım. Her sabah ilk ışık, sana inanarak yaşayacağım mutlu bir gün getirmeli bana. İşte o zaman yokluğuna bile dayanabilirim, özlemlerim daha derin bir anlam kazanır. Seni beklerken şüphelerin o kahredici zehriyle, geciktiğin her saniye bir defa ölmem.

Artık aldanmak istemiyorum. Seni, aldatmak zevkinden sonuna kadar mahrum edeceğim. Beni aldatmanın acısını da sevincini de hiç tattırmayacağım sana. Çünkü, aldattığın zaman; yemin ediyorum yeryüzünde olmayacağım. İnanmışlığını ölüme kadar sürsün, bırak.

Zarımı son defa senin için atıyorum.

ON YEDİNCİ MEKTUP

Soruyorum, susuyorsun. Ben sükûtun bu kadar anlamlı olduğunu bilmezdim. Bütün sorularımın cevabını bir bakışla veriyorsun, kâh bir gülüşle. Zaman zaman gözlerinin içinde eriyip kaybolduğumu hissediyorum. Yanımda olmadığın günler, geleceğin güne hazırlıyor beni. Yokluğuna böyle dayanabiliyorum. Karanlıklar içinde her dakika gözlerinin aydınlık bakışlarıyla doluyor içim. Aradığım her şey orada. Cevapsız kalmış bütün soruları gün ışığına çıkarıyor gözlerin.

Bekliyorum, geliyorsun. İşte diyorum yaşamak bu. Sevmek seni sevmekten başka bir şey değil. Hiç kimseyi bu kadar özlemle beklemedim. Bu kadar inanmadım hiç kimsenin geleceğine. Onun için bir gün gelmeyeceğinin korkusu kahrediyor beni. Geleceğin mutlu âna yaklaşan her dakika yaşamaktan güzel, geçen her dakika ölümden acı...

Fakat gelişin her şeyi unutturuyor. Sıkıntılı öğle sonları günün en yaşanmaya değer saatleri oluyor sen gelince. Kızgın bir güneş altında bana karlı dağ yamaçlarının serinliğini getiriyor ellerin.

İstiyorum, veriyorsun. Verdiklerin bir bakıma iflası oluyor saadet anlayışımın. Böylesine büyük nazların hayal bile edilemediği bir dünya üzerinde özlenecek başka saadetin kalmadığını düşünüyorum. O zaman her şey siliniyor gözlerimden. Sensiz bir yarının değersizliğini, çekilmezliğini daha iyi anlıyorum. Huzur seninle kayboluyor, bütün sevinçler seninle gidiyor, sensiz bir kanlı gömlek gibi giyiyorum üzerime yaşamayı. Çaresizlik hiçbir zaman sen yanımda olduğun anlardaki kadar kötü ve merhametsiz olmuyor. Yine de her öpüşümde bana ilahlara has bir güç, bir büyük huzur veriyor dudakların.

Ağlıyorum, gidiyorsun. Ama sen gözyaşlarımı görmüyorsun ki! Ayrıldığımız yerde başlıyor yıkıntım. Kalabalık bir caddede, vapur iskelesinde ya da bir kapı önünde; nerede olursa olsun ayrılığın bir tokat gibi iniyor yüzüme, kocaman, sivri bıçaklar gibi delik deşik ediyor vücudumu. Her yer kan oluyor. Artık dayanamıyorum, artık dayanamıyorum. Ağlamak bile kâr etmiyor. Ben bu acılara, ben bu sürekli ölümlere önceden razı oldum. Şikâyete hakkım yok, biliyorum. İsyan etmem faydasız. Kendi kaderinin çizdiği yolda yürüyor ayakların.

Yazıyorum, okuyorsun. Kim bilir ne dayanılmaz acılar içindesin sen de? Nasıl her yerini, orada bir sigara söndürülmüşçesine yakan özlemler içindesin. "Mümkün olsa hep yanında kalırdım," diyorsun. "Hiç senden ayrılmazdım, hep senin olurdum," diyorsun. İşte onun için sana hiç kızamıyorum ya! Bütün isyanım çaresizliklere, bu kahpe imkânsızlıklara, bu mesafelere, bu zamana ve bu bizi çepçevre kuşatan insanlara, onların pis kurallarına, beş para etmez inançlarına.

O demir parmaklıklara, ağır kapılara, kalın zincirlere, o merhametsiz, çirkin gardiyanlara rağmen seni seviyorum.

Anlatamıyorum.

ON SEKİZİNCİ MEKTUP

En güzel beraberlik seninle olmak diyorum, nasıl en korkunç yalnızlık sensiz olmaksa... Biraz önce buradaydın, aradan geçen zaman henüz kokunu bile dağıtamadı. Oturduğun koltukta ağırlığının izi duruyor. Dokunduğun her yerde sıcaklığın var, baktığın her şeyde aydınlığın.

Gittin mi? Ben şimdi yalnız mıyım? Duvarlar üzerime yıkılıyor, yüzümde parçalanıyor aynalar, resim çerçeveleri. Tarifi mümkün olmayan bir boşluk içindeyim. Gözlerim kapıda, belki yine gelirsin diyorum. Uzaktan ayak sesleri geliyor. Sen değilsin gelen biliyorum, ama yine de bir ümit var içimde vazgeçemediğim.

Bir sigara yakıyorum ve seni arıyorum dumanın havada çizdiği şekillerde. Sonra ne yapacağını bilemeyen ellerime bakıyorum bir zaman. Ellerim hâlâ ayrılırken ellerine temas etmenin hazzı içinde şaşkın ve kararsız. Oysa, o ellerle şimdi şiirler yazabilirim senin için, sana yokluğunun dayanılmazlığını anlatabilirim.

Zaman hayli ilerledi. Evine varmış olmalısın. Kulağım telefon sesinde. Beni aramanı bekliyorum. Telefonun her çalışında umutla uzanıyor ellerim ahizeye. Oysa hep bir başkası çıkıyor karşıma. Kahroluyorum. Senden başkasının varlığına değil, sesine bile tahammülüm yok artık. Ağır, dayanılmaz saatler geçiyor. Nihayet senin sesin telefonda. Beni anlayan, o özlemli, kısık sesin. "Nasılsın," derken bile yüreğimi heyecanla dolduran, kanımı tutuşturan sesini işitmenin sevinci sarıyor her yerimi. Hiç bitmesin istiyorum konuşmamız. Senden başka bir şey düşündüğüm yok, dünya umurumda değil. Konuşuyor, konuşuyoruz ve, "Allahaısmarladık," diyorsun. Sana düşündüklerimi söyleyemiyorum. "Ne olur, yine gel ve hiç gitme artık," diyemiyorum. Boğazıma bir şeyler düğümleniyor. Ellerimde soğuk, hissiz bir aletle yapayalnız kalıyorum. Sesin yerine çıldırtan bir uğultu kulaklarımda. Biraz önce sesini bana ileten telefona düşmanım şimdi. Hırsla ve kinle bakıyorum bir zaman.

Sonra sevdiğin bir plağı çalmak geliyor aklıma. Birden seviniyorum. Her şeye rağmen yine seninleyim, ne iyi! Beşinci senfoniyi dinliyorum. Odayı orkestranın güçlü, tanrısal sesi dolduruyor. Hiç ayrılmadığımıza ve ayrılmayacağımıza inanıyorum. Yüzyılların ardından bir Beethoven sesleniyor, isyan ediyor zamana. Ve sonra bir başka plakta Schumann ağlıyor, ben ağlıyorum, uzaklarda sen ağlıyorsun. Aşkın ve sanatın ölümsüzlüğüne bir kere daha inanıyorum.

Artık seni sevdiğime pişman değilim.

ON DOKUZUNCU MEKTUP

"Duyarlarsa," diyorsun. Duysunlar ne çıkar? Seven insanın bir suçlu gibi ezik olması neden? Sevmek ve sevilmek hakkımızı kullanıyorsak bundan kime ne? İnsan olarak aşktan başka övünecek neyimiz kaldı? Erdem yalan söylemek mi? Hırsızlık etmek mi? Katil olmak mı? Yoksa esirleri fırınlarda yakmak mı erdem? Bir milletin gençliğini savaş meydanlarında yok etmek mi? Yalnız sofular mı erdemli bu dünyada? Çıkarını düşünenler mi namuslu? Aşka saygı duymayanlar utansın yaşadıklarına, sevenler değil.

"Görürlerse," diyorsun. Oysaki kimse görmeyecek seninle seviştiğimizi. Bu doyulmaz zevki kimseye tattırmayacağız. Seni benden başka hiç kimseyle paylaşmaya razı değilim. Zaten sen bir bütünsün; bölünemezsin, paylaşılamazsın ki! Ben hep sevdim sana gelinceye kadar. Seni sevmeye hazırladım kendimi. İlk sevdiğim sen değilsin elbette, ama son sevdiğim olacaksın.

Seni tanımadan önce yalnız sevmenin hazzıyla doluydu yüreğim, gururluydum, çünkü; seven bendim. Yalnız benim hakkımdı sevdiğimi yüceleştirmek, onu erişilmez yapmak, ölümsüz kılmak benim hakkımdı. Sevildiğimi, hele senin tarafından sevildiğimi anladığım anda gururum yok oldu. Aşkının büyüklüğü karşısında eridiğimi hissettim.

"Anlarlarsa," diyorsun. Anlasınlar umurumda değil. Keşke anlayabilseler... Herkesin seni olduğun yerde görmesini, bilmesini isterdim. Ben sende yaşamanın kavramını buldum; iç âleminin sonsuz hazinelerini önüme serdiğin zaman anladım yaşadığımı. Güzelliğinin manyetik alanından dışarıya çıkamaz oldum.

Hiçbir şeyden çekinme artık. Bak! Şimdi seninle vardığımız o yerde kimseler yok. Yıldızların erişilmezliğinde, duyguların sonsuzluğundayız. Zamanı aştık, en güzeli kendimizi aştık seninle.

Onun için şimdi ilk defa beni sevmek hakkını sana tanıyorum. Anla, seni ne kadar sevdiğimi.

YİRMİNCİ MEKTUP

Nerdesin? Günler var ki beni aramadın, yazmadın. Senden gelecek bir mektubu bekledim boşuna. Önceleri içim umutla dolu, postacının kapımı çalmasını bekledim. Satırlarınla aydınlanmasını bekledim bu karanlığın. Saatler saatleri, günler günleri kovaladı. Gitgide büyüdü verdiğin yalnızlık, yüreğim kahırla doldu. Ümit etmenin mutlu heyecanları, yerini tarifsiz bir hüzne bıraktı. Kocaman, kalabalık bir şehirde yapayalnız kaldım işte.

Nerdesin? Beni unuttun diyemeyeceğim, unutmadığını biliyorum. Ama düşün ki, benden uzaklaştığın her kilometre, sana olan sevgimi bir kat daha artırdı. Senden başka bir şey düşünemez oldum. Geri döndüğün zaman, eminim şaşıracaksın. Böylesine mesafelerle büyüyen, zamanla derinleşen bir aşkın karşısında olmak kim bilir ne kadar değiştirecek seni...

Yüzünde pembelerin en güzeli, gözlerinde ışıkların en parlağı ile sevilmenin, çok çok sevilmenin hazzını yudum yudum içeceksin. Sevilen bir kadının mutluluğunu seyredeceğim sende... Sevdiğim kadının ölümsüzlüğünü yaşayacağım.

Nerdesin? Dün evinin önünden geçtim. Perdelerin kapalıydı, dolu doluydu gözleri pencerelerin. Kapın sanki bir daha hiç açılmayacak gibi kapanmıştı sokağın yüzüne. Kim bilir odalar, eşyalar ne haldeydi sensiz? Her dakika ayaklarının güzelliğiyle mest olan halılar ne yapıyordu şimdi? Ya kokuna ve sıcaklığına alışmış yatağın ne haldeydi kim bilir? Baktım sen yoktun, duvarlar kararmıştı. Sokağından yaşayan bir ölü gibi geçtim ve bir hüzün anıtı halinde bıraktım evini.

Nerdesin? Meğer ne doldurulmaz bir derinlikmiş yokluğun. Kaderde bu sensizlik de varmış. Her insanın yüzünde sana benzeyen bir şey aramak da varmış. Sesini duymak varmış şarkılarda, bütün kitaplarda seni okumak varmış. Meğer ne dayanılmaz bir şeymiş yokluğun. Kâğıtlara seni yazmak varmış, renk renk düşünmek varmış seni, çiçek çiçek koklamak varmış. Artık hiç yazmasan da olur hiç gelmesen de... Meğer ne türlü bir ölümmüş yokluğun.

Bir daha nerdesin demeyeceğim. Bendesin artık. Dudaklarımın değdiği kadehlerdesin. Serin yağmurlar getiren bulutlardasın. Kâh denizlerdesin kâh rüzgârlardasın. Uzaktasın, ama yine bu şehirdesin.

Gittiğine inanmıyorum. Gel demeyeceğim.

YİRMİ BİRİNCİ MEKTUP

Kalabalığın arasında bir Robenson gibiyim. Oysa çevrem her çeşit insanla dolu. Kimi gösterişli, alabildiğine mağrur, kimi ezik ve yılgın. Kimi de boş vermiş her şeye, gününü gün etmekten başka düşündüğü yok. Şu adamı geçen yıl tanıdım; söylediğine bakılırsa beni hiç kimse ondan fazla sevemezmiş. Oysaki istediği fiyat verilirse dostluğunu derhal satmaya hazır olduğunu biliyorum. Fakat bile bile aldanmak da güzel. En feci şey insanın artık aldanmayacağı yere gelmesi. İşte ilk ölümümüz, orada başlıyor.

Ya öteki adam? O da dediğine göre en sadık ve vefalı dostlarımdan birisidir. Yanındayken bana iltifatlar yağdırdığına bakmayın. Ben gider gitmez arkamdan atıp tuttuğunu biliyorum. Fakat dedim ya bile bile aldanmak güzel. İşte bir başkası daha: Her halinden samimiyet fışkıran bir adam. Karşılaştığımız yerde en gürültülü bir şekilde sevgisini açığa vurmaktan hoşlanır. En büyük zevklerinden birisi de beni dostlarıyla tanıştırmaktır. Bundan aşırı bir gurur duyar. Fakat söylemediğim sözleri, yapmadığım şeyleri uydurup yaymakta da bir eşi yoktur Bay Samimiyet'in.

Ve daha niceleri Bay Canayakın, Bay Hüsnüniyet, Bayan Şiir Sevgisi, Bayan Hayranlık, hepsi hepsi benim dostlarımdır. Bir dediğimi iki etmezler görünüşe bakılırsa. Oysaki ben her zaman her yerde yalnızımdır. Birçok şölenlerde benim yerime adım oturur sandalyeye. Bütün ilgi adıma karşıdır. Adım sevilir, adım övülür, adım alkışlanır. Sen yalnızlığın bu türlüsünü bilmezsin. Çepçevre bir ilgi çemberi ile sarıldığı anda kişinin aslında nasıl bir yalnızlık kuyusuna düştüğünü göremezsin. Ün yapışık kardeş gibidir. Kurtulamazsın, kaçamazsın ondan. Kendi hayatını yaşayamazsın.

Sen bile beni yalnız ben olduğum için sevemezsin artık. Adımı benden ayıramazsın. Çevremdeki bütün insanlar aslında büyük yalnızlığımın şahitleri bence. Ya da oynadığım yalnızlık dramının seyircileri. Gözlerinden anlıyorum, biraz sonra hepsi sıkılmaya başlayacak, birer birer terk edecekler salonu. Perde indiği zaman birkaç meraklıdan başka kimse kalmayacak.

Sen yalnızlığın bu türlüsünü bilmezsin işte. Ve asıl bilmediğin en büyük yalnızlık da senin verdiğin yalnızlıktan başka bir şey değil. Senin yokluğundan gelen o yalnızlık olmasa, öbür yalnızlıklar bana bu kadar koymazdı.

YİRMİ İKİNCİ MEKTUP

Senin için zalim dediler, demek zulmün de bu kadar güzeli olurmuş, diye düşündüm. Oysa bütün zalimlere karşı kinle doluydu içim. Ben hiçbir zulme baş eğmedim, zalimlerden yana olmadım.

Seni en istediğim anda gelmemen, geldiğin zaman da bana acıların en büyüğünü tattırman belki zulümden başka bir şey değil. Fakat ne yapayım ki onu bile kendine yakıştırabiliyorsun. Çoğu zaman nasıl olsa öldüreceği avına gururla bakan bir panterin vahşi bakışı var gözlerinde, içinde, ta derinde zulmün kıvılcımları yanıp sönerken bile sana kızamıyorum, senden nefret edemiyorum, insanı büyülüyorsun. Başdöndüren güzelliğinin karşısında asıl büyük zalimin Tanrı olduğunu düşünüyorum ister istemez.

Senin için "yalan söylüyor" dediler. Kimse farkında değil dudaklarında yalanın ne kadar güzelleştiğinden. Yalansız bir seni düşünmeye imkân var mı? Senden gelen, senin dudaklarından çıkan bütün yalanlara razıyım. "Seni seviyorum," dediğin zaman, yalan söylemiş olsan bile, bu sözü bütün gerçeklere değişmeye hazırım.

Hiçbir yalan bu kadar sevimli ve manalı olmamıştır dünya kurulduğundan beri. Yalan; senin dudaklarında aydınlık, pembe şafaklara benzer. Sen yalan söylerken gözlerin, gökyüzünün sonsuz karanlığında parlayan yıldızlar gibidir.

Sen söylediğin yalanlarla varsan; ben bütün gerçekleri senin bir tek yalanına feda edebilirim. Sana "yalan söylüyor" diyenler; eşsiz dudaklarında yalanın ne kadar güzel olduğunu bilmeyenlerdir.

Sana "kalpsiz" dediler. Üç milyar insanın yaşadığı bir dünyada çarpan bir tek kalp varsa o senin kalbindir. Bir tek kalp varsa; iyilik diyen, güzellik diyen, aşk diyen o senin kalbindir. Bir tek kalp varsa yeryüzünde beni seven yine senin kalbindir o.

Bütün zulümlerine, bütün yalanlarına rağmen beni sevdiğini biliyorum, ikimizi çepçevre kuşatan çaresizlikler içinde kalbin hâlâ çarpıyorsa beni sevdiğin içindir. Yoksa aslında bu yalan ve zalim dünyada yaşanmaya değer bir tek dakikanın bile var olduğuna inanmak gerçekten imkânsız bir şey.

Aşkın seni sevmek olduğunu benden başka bilen var mı söyle? Seni zulümlerinle, yalanlarınla kim bunca ilahlaştırabilir söyle?

Söyle, sevdiğim benim, ömür boyunca seveceğim benim; zulümsüz, yalansız bir dünyada yaşanır mı söyle?

YİRMİ ÜÇÜNCÜ MEKTUP

Seni kıskanıyorum, içimde gururdan eser yok artık. Kıskançlığımın başladığı yerde yüreğim tertemiz oldu, aydınlandı, pırıl pırıl şimdi. Gururum, zaman zaman benliğimi saran kendini beğenmişliğim, güvenim ve inançlarım; hepsi seninle yaptığım savaşta yenildiler. Bir kıskançlık hissi kaldı içimde dipdiri ve her zamankinden daha güçlü. Kazandığın savaş onu da yenebildiğin anda bir zafer olacak, ancak o zaman "kazandım" diyebileceksin.

Fakat ben o duygunun, bende fethedemediği o son kalenin asla düşmeyeceğine inanıyorum. Bütün çabaların boşa gidecek, seni sevdikçe kıskanacağım. Bir gün beni sevmemen bile bu savaşa tesir etmeyecek. O zaman asıl büyük yenilgiye doğru sen gideceksin. Sevgimi karşılıksız bırakman bana attığın son kurşun olacak. Açacağın büyük yaraya rağmen yıkılmayacağım, ölmeyeceğim anlıyor musun? Yine seni sevmeye, yine seni kıskanmaya devam edeceğim.

Beni tanımadan önce yaşadığın yıllar var ya; onları da kıskanıyorum. Düşün, bensiz yaşayacağın bir dakikaya bile tahammülüm yok artık. Bir gün güzel bileğindeki küçük saati parçalayabilirim, bensiz bir zamanı sana bildirdiği için. Mümkün olsa bütün o dakikaları, o günleri sana yeniden yaşatmak isterdim.

Sana kıskanılmış zamanlar, mesafeler ötesinden seslenmek ne acı bilemezsin. Seni gören, güzelliğini arzulu bakışlarla seyreden insanların da bu dünyada yaşadığını düşünmek ne korkunç bir şey anlayamazsın. Hele seni başkalarının da sevdiğini ve seveceğini bilmek ne türlü bir ölümdür düşünemezsin.

Kıskançlığım bir hayvanın dişisini kıskanması değil. Mayamızda olan arzunun ötesinde bir şey bu. Ebediyen sahip olmak hissinin çok üzerinde bir ölümsüzlük çabası, bir sonsuzluk duygusu...

Seni kıskanıyorum. Verdiğin huzursuzluğa rağmen bir kadını kıskanmanın büyük huzuru içindeyim. Oysa ben seni tanıyıncaya kadar kıskançlığı daima ilkel bir duygu olarak düşünür, reddederdim. Bu davranış belki de o güne kadar kıskanılmaya senin kadar değer bir insanı tanımamış olmanın verdiği eziklikten gelirdi.

Şimdi o ezikliğin yerine bir kabına sığamamak var içimde, taşmak var. Sevginle tamamlandımsa verdiğin kıskançlıkla bütünlendim.

Hep böyle kıskançlığımı besleyecek kadar güzel kal.

YİRMİ DÖRDÜNCÜ MEKTUP

Ne seni unutabiliyorum, ne senden kalanları. Başımın içinde bir kanser tümörü gibi büyüyor büyüyorsun. Seni unutamamanın verdiği acılara dayanamıyorum artık. Unutamamanın bu kadar kahredici, çıldırtıcı olduğunu bilmezdim. Her yerde, her zaman benimle birliktesin, işin kötüsü her şey seni hatırlatıyor. Kalabalıkta gelişigüzel söylenmiş bir söz bile yetiyor seni düşünmeme. Yalnızlığımda ise sesin kulaklarımda çınlıyor, avuçlarının serinliğini hissediyorum alnımda. Yaşanmış zamanlar bir film şeridi gibi geçiyor hafızamdan. Anılarımızı en küçük noktasına kadar birer birer hatırlıyorum. İşte o zaman; bu seni unutamayan başı, duvarlara vura vura parçalamak geliyor içimden.

Renklerin, kokuların, seslerin ve ışığın bile seni hatırlattığı bir dünyada yaşamak, harikulade bir şey olurdu belki...

Ama sen de unutmasaydın. Beni unutmadığını, sevdiğini bilsem her şeye katlanırdım. Unutamamamın biriktirdiği o dayanılmaz acılar, unutulmamanın vereceği eşsiz mutluluğun içinde erir, kaybolurdu.

Sevmek bir bakıma unutamamaya mahkûm olmaktır. Sevilmemişsek; bir de unutulmaya mahkûm oluşumuz var en hazini. İnsan, unutabildiği kadar güçlüyse; unutamadığı ölçüde yıkık ve ezik kalıyor.

Beni sev demeyeceğim, ama onu da sevmemeliydin. İkimiz de olduğun yerden çok uzağız. Güzelliğinin, büyüklüğünün yanında biz neyiz ki? Unutulmak; ikimize de aynı kadehlerden tattıracağın bir içki olmalıydı. O içkinin sefil sarhoşluğu içinde seni düşünmeli, hep seni özlemeliydik. Unutamamak, sarhoşluğumuzu kamçılayan bir kırbaç olmalıydı. Gitgide işleyen, büyüyen bir yara olmalıydı tenimizde. Unuttuğunu her ikimiz de bilmeli, fakat seni hiç unutmamalıydık. Oysa, şimdi unutulan da benim, unutamayan da...

Ancak, bir kurşun atımı uzaktasın benden, biliyorum ve ciğerlerime saplanmış bir kurşun gibisin hâlâ. Seni çıkarıp atmak da elimde değil, sana gelmek de... Gelebilsem ne değişecekti ki? Beni hatırlayacak mıydın? Hatırlasan da sevinecek miydin gelişimden? Gözlerinin içi gülecek miydi? Hiç konuşmadan, "Ben de seni özledim," diyebilecek miydi ellerin? Hayır, değil mi? Öyleyse hiç gelmeyeceğim sana. Böylesi daha iyi.

Gün oluyor; seni unutabilmek için bu şehirden çok uzaklara gitmek istiyorum. Sokaklar, evler, caddeler, vitrinler seni hatırlatmasın diye.

Gün oluyor; anlıyorum senden ve bu şehirden kaçmanın faydasızlığını... Çünkü; biliyorum nereye gitsem benimle geleceksin ya da gittiğim her yerde senden bir şey olacak.

Sen unuttun fakat unutulmadın. Bense unutulduğumu biliyor, fakat unutamıyorum. İnan, unutabildiğim gün seni yeniden ve daha çok sevmeye başlayacağım.

YİRMİ BEŞİNCİ MEKTUP

Sahibini arayan son mektup

Bugün bendeki resimlerini ve mektuplarını yakıyorum. Küllerini sana göndereceğim. İşte! Hepsi önümde duruyor.

Şu resim çekilirken karşında ben vardım, hatırladın mı? Üzerini "seni daima seveceğim" diyerek imzalamışsın. Bu seni en çok anlatan resimdi biliyorum, bana en yakın olduğun resimdi... Karşında ben vardım, gözlerin gözlerimdeydi... İçin benimle doluydu, bakışların gibi. Önce bu resmini yakacağım, bu en çok sen olan resmini. Sonra da diğerlerini yakacağım. Hepsi birer birer kıvrılıp kül olacak sonunda. Ya mektupların? Herbirini çok çok öptüğüm mektupların... Satır satır içimde çakılı duran mektupların. Onlar da yanacak. Senden madde olan hiçbir şey kalmasın istiyorum, bende.

İçimde bıraktığın eziklik yeter artık. Artık seninle değil, verdiğin acılarla avunacağım. Seni bütün arzuların üzerinde, bütün özlemlerin ötesinde seveceğim artık. Sensiz bir dünya yaratacağım senden. Dünya duracak, ama sen durmayacaksın. Zaman bitecek, ama sen bitmeyeceksin. Bir gün bütün çiçekleri solacak bahçelerin, yıldızlar ışık vermeyecek, güneş doğmayacak hiç. Ama sen solmayacaksın, sen eksilmeyeceksin. Seni maddenin dışına çıkarıyorum, ölümsüzlüğün kapılarını açıyorum sana. Anlamıyor musun?

Daha düne kadar her yerini ayrı ayrı seviyordum. Ellerini tuttuğum zamanlar ürperirdim, başım dönerdi gözlerine bakınca. Dudakların her öpüşte yeniden dünyaya getirirdi beni. Al işte, hepsini sana bırakıyorum. Güzelliğin de senin olsun, dişiliğin de...

Göreceksin, bir gün her yerin şu mektuplar, şu resimler gibi kül olup dağılacak. Bir tel bile kalmayacak saçlarından. Niceleri gibi sen de göçüp gideceksin bir gün. Önce gençliğin terk edecek seni. Ellerin buruşacak, belin bükülecek, ak pak olacak saçların. Boş bir çuvala döneceksin. Sonra, aynaya bakınca bugün çok güvendiğin güzelliklerinin de seni birer birer bıraktığını göreceksin. Gözlerinde o vahşi parıltı kalmayacak, bütün ateşi sönecek dudaklarının.

Ama ben o halinde bile seni terk etmeyeceğim. Çünkü benim içimde hep bugünkü gibi kalacaksın. Taptaze, sımsıcak ve korkunç güzel! Yalnız benim gözlerimde bir manası olacak bakışlarının. Ben yok olduğum zaman da satırlarımda yaşayacaksın. Hiç ihtiyarlamadan, hiç değişmeden, hiç tükenmeden... Adım adınla anılacak, adın adımla...

Mektuplarınla resimlerini yakacak gücü kendimde bulamasam, o zaman da kendimi yakardım. Şu herkeste seni gören gözlerimi, şu her yerde sana koşan ayaklarımı ve şu her zaman sana yazan ellerimi yakardım. Tenimden yükselen alevler ta Allah'a kadar uzanır, ona çaresizliğimi anlatırdı.

Seni güçsüz, zayıf bir insan tarafından sevilmenin hayal kırıklığına uğratmamak için, şimdi benim yerime, senden kalanları yakacağım. Ben yaşadıkça, varlığım bütün çaresizliklere meydan okuyacak.

Unutma; seni sevdiğim için ölebilirdim, seni sevdiğim için yaşayacağım.

Biraz sonra mektuplarınla resimlerini tutuşturacak bir kibrit çöpü gibi çekiliyorum hayatından. Her şeyiyle onu sana bırakıyorum. Hayatın senin olsun, istersen hayatım da. Ama sen kendinin bile olamayacaksın artık... Ben yaşadıkça, adım söylendikçe...

Seni bensizliğe ve kendimi sana mahkûm ediyorum.

İstanbul, Haziran-Eylül 1962

HÜZÜN ŞARKILARI

"Hüzün Şarkıları" ile "Senden, Seninle, Senin İçin" adlı bölümler ilk kez 1962-1963 yıllarında Yelpaze *mecmuasında yayımlanmıştır.*

I

Islak, kederli bir gündü... Yapışkan bir havaydı dolduran ciğerlerimizi... İnsanlar, kuşlar, ağaçlar, çiçekler ve eşyalar korkunç bir yalnızlığın içine gömülmüşlerdi. Hiç kimsenin birbirinden haberi yoktu. Başka başka dünyalar yaratmıştık kendimize. Birlikte mutlu yaşayacağımız bir dünyada olduğumuzu bilmiyorduk. Kuş ağaçtan habersiz, ağaç buluttan. Ve biz insanlar yeryüzünün bütün güzelliklerine sırtımızı çevirmiş, kendi karanlık iç dünyamızın derinliklerine dalmıştık. Hiç sonu gelmeyecek çileli bir arayıştı yaşamımız. Neyi arıyorduk? Kimi arıyorduk? Bu kaybolmuşluğumuz daha ne kadar sürecekti? Bu susuzluğumuz, bu yıkılmışlığımız, bu kahrolmuşluğumuz?

Baktığımız aynalardan kirli ellerimiz uzanıyordu yüzümüze. Umutsuzluğumuza bakan bir çift şaşkın gözbebeğiydi.

Her yerimiz pis pis sırıtıyordu aynadan. Yarı açık dudaklarımız korkunç bir mağara ağzıydı sanki, karanlığı çaresizliğimize doğru uzanıp gidiyordu. İnsan yaradılışımızın şaşkınlığı içindeydik. Sevemeyecek olduktan sonra boşunaydı bütün arayışlarımız. Var olmamız, yaşamamız boşunaydı...

Sonra bir yağmur başladı. Mutlu bir serinlik doldu içimize. Sevememek bize sevmeyi öğretmişti. Yaşantımızın anlamını kavradığımız anda, sevgilerimiz yüreğimize sığmaz oldu. Bir yağmurdu yağan bardaktan boşanırcasına. Çamur birikintilerine bata çıka yürüyor, yürüyorduk...

Bu yağmur hiç dinmeyecekti. Gök ağlıyordu, deniz ağlıyordu, ağaçlar, kuşlar, çiçekler ağlıyordu. Bütün yaratıklar sonsuz bir arayışın çalkantısı içindeydi. Kimdi bulup bulup yitirdiğimiz? O bir başkasını ararken biz onu arıyorduk, bizi de arayanlar vardı. Ve hâlâ yağmur yağıyordu. Sırılsıklam olmuştuk, aradığımız belki de avuçlarımızın içindeydi, bilmiyorduk. Birbirinden kopmuş bir zincirin halkaları halinde uzaktık belki de birbirimizden. Yok! Yok! O çok yakındı bize, içimizdeydi. Bir gün çıkardık yüreğimizden, avuçlarımızın içine aldık. Bir kuşun o küçücük kalbi hızlı hızlı çarpmaya başladı ellerimizde. Gözlerini yummuş kendisini öldürmemizi bekliyordu. Yağan yağmur tüylerini ıslatmış, onu bilmediği soğuk bir âlemin karanlıklarına itmişti. Onu öldürmedik, öldüremediğimizden! Bıraktık, uçmaya başladı. Gözden kayboluncaya kadar baktık arkasından. Yağmur altında uzaklaşıp gitti...

Bir tek ıslak, beyaz tüy kalmıştı avucumuzda. Onu da rüzgâr aldı götürdü. Şimdi yağmur altında onu arıyoruz. Dağıldık, çözüldük, bölündük. O çoktan öldü belki. Yağmur altında kanatlarını çırpamaz hale geldi. Bir düşüş başladı yükseklerden, çok yükseklerden. Yıllar geçti hâlâ onu arıyoruz. Rüzgâra bıraktığımız o tek tüyünü bulsak yeter, o zaman mutlu olacağız. Hâlâ yağmur yağıyor. Çıldırtan bir ses kulaklarımızda. Saçlarımızdan, kirpiklerimizden sular sızıyor. Yoksa ağlıyor muyuz?

Bu yağmur hiç dinmeyecek. Onu bulamayacağız. Hatırladıkça bir şeyler burkulacak içimizde. Korkudan büyümüş küçük gözbebeklerini görür gibi olacağız. Hâlâ kalp çarpıntılarını duyacak ellerimiz.

Islak, kederli bir gündü. Orman bütün yapraklarını yere dökmüştü. Yağmurun kuru yapraklara vurdukça çıkardığı ses hâlâ kulaklarımızda... İşte orada, o ormanda çirkin, bodur bir ağaç var. Görüyor musunuz? Dibine dökülmüş sarı yapraklarının altında cansız bir kuş yatıyor.

Güzelim tüyleri çamurlar içinde. Boncuk boncuk gözleri kapanmış. Bir daha açılmamak üzere kenetlenmiş gagası. Üşümüyor artık, ıslandığını duymuyor. Ve biz, onu kaybetmenin acısını, içimizde bir hançer gibi duyuyoruz. Hâlâ yağmur yağıyor. Aramak mı? Artık neyi aramak? Ağlıyoruz. Yağan yağmur sefil gözyaşlarımıza karışıyor.

Bu yağmur hiç dinmeyecek ve biz daha çok ağlayacağız. Bir tüy için, bir sevgi için!

II

Büyük şehir gerinmeye başladı, sabah oluyor... İşte ilk ışık girdi penceremden, duvarlar kirli beyazlıklarına dönüyor yavaş yavaş... Bir çiçek saksısında yaşadığını anladı; yeşil yeşil uyandı uykusundan. Uzaklarda bir kuş öttü, motorlar çalıştı, satıcılar sokağa fırladı, bir dumandır yükseldi fabrika bacalarından. Büyük şehir, yeni bir günün sabahına her zamanki gibi biraz hüzünlü, kararsız ve biraz dalgın... Saat, hiç değişmeyen ayak sesleriyle bilinmeyen bir zamana doğru koşuyor...

Uyandım diyemeyeceğim. Çünkü uyumamıştım. Karmakarışık düşünceler içindeyim. Kalktım, bir çay fincanından kesiksiz yalnızlığımı yudumluyorum. Geceyle birlikte gelen sisler dağılmaya başlıyor düşüncemden. Yaşamak; iliklerime kadar sarıyor her yanımı. Omuzlarıma ister istemez sürükleyeceğim bir günün ağırlığı çöküyor. Neden? Neden bunlar?

Her sabah hep bu alışageldiğimiz şeyleri yapmak niçin? Bu yemelerin, içmelerin, bu soyunup giyinmelerin hiç sonu gelmeyecek mi? İsyanım gitgide artıyor, hıncımı bütün insanlığın yüzüne haykırmak arzusuyla dolup taşıyorum. Birdenbire bir yığın insan sarıyor çevremi. Hepsinin yüzlerinde derin bir hıncın izleri var. Bunlar; çoğu zaman adları ihtiyaç, şeref, ihtiras, vazife ve alışkanlık olan kişiler. Her yerde, her zaman karşımıza çıkan soygun çetesinin elebaşıları. Ellerinde muştalar, bıçaklar, tabancalarla bizi toplum içinde, toplumun istediği gibi yaşamaya zorlayan satılmışlar. Çaresiz teslim oluyor, giyinmeye başlıyorum. Gücüm, karşı koymamı sürekli kılamıyor. Sonra hep birlikte çıkıyoruz evden. Sokakta da yanımdan, yakınımdan ayrılmıyorlar.

Oysa, ben onları istemiyorum. Ben başımı alıp gitmek istiyorum bu büyük şehirden. Kendimi anne yalnızlığın kollarına atmak istiyorum. Kötülük nedir bilmeyen ağaçlar, yalan söylemeyen otlar çağırıyor beni. Çiçekler gel diyor. Deniz gel diyor. Fakat arkamda yine onlar, o kötü kişiler, o satılmışlar bırakmıyor beni. Bir an ellerinden kurtulup koşmaya başlıyorum. Kesilmeye götürülürken bakıcılarının, o saygıdeğer katillerinin elinden kurtulup kaçan bir boğa gibiyim. Kurtulmamı isteyen bir tek kişi yok geçtiğim yollarda. Herkes bana düşman şimdi. Duvarlar karşıma çıkıyor, otomobiller yolumu kesiyor. Her tarafta tuzaklar, kementler, ipler, hendekler ve taşlar... Sonunda yoruluyorum. Yetişiyorlar. Hep birlikte yeni bir günü yaşamaya koyuluyoruz.

Kulaklarımda saatin hiç değişmeyen ayak sesleri. Çevremde o pis, o iğrenç kişiler. Hep aynı korkunç yaşama, o rezil alışkanlık. Aldatmalar, boyun eğmeler, aldanmalar, geçici dostluklar, küçük zevkler ve yalanlar, yalanlar, yalanlar...

Bu ikiyüzlü yaşamaya çaresiz bir gün daha katlanıyorum. Utancım bir kat daha artıyor.

III

Çaresizliğin en amansız olduğu yerdeyim şimdi. İlk defa sevmenin tarif edilmez korkuları içindeydim. Uykusuz gecelerin yorgun sabahlarında seni düşünüyor ve korkularla yine sana doğru koşuyorum. Hep aynı soru düşüncemde: Ya seversem? O zaman neler olabileceğini düşünmek korkutuyor beni. İlk defa yenileceğimi anlıyorum. Karşımda kendinden emin gözlerin, dudakların, ellerin bunu söylüyor bana. Seni tanımadan geçen bütün yıllara lanet ediyorum. Önceleri hiç bilmediğim adını şimdi binlerce defa tekrarlıyor dudaklarım. Gün oluyor bir tablo seyredercesine mutlu heyecanlarla doluyorum karşında. Gün oluyor bir eski Yunan heykelinin ölümsüz güzelliğiyle büyülüyorsun beni. Gözlerin gözlerime takılınca güçsüzlüğüm aklıma geliyor, beni sevmediğin, sevmeyeceğin aklıma geliyor... O zamanlar öylesine yıkılıyorum ki, bilemezsin! İnsan nasıl gökyüzüne baktığı zaman bu sonsuz evren içinde küçük ve çaresiz bir yaratık olduğunu anlarsa; güzelliğin de bana aynı şeyleri düşündürüyor. Gün oluyor mavilerde, gün oluyor kırmızılarda, gün oluyor karalarda yaşıyorum seninle. Dudaklarından çıkan her kelime, suya bir taş atılmışçasına büyüyor içimde. Nereye gitsem kulaklarımda o yarı karanlık, çocuksu sesin. Sonra kendine has kokun; o kokuların en çıldırtıcısı, en kahredicisi... Ve gözlerin; esmer bir akşamüstünün serin hüznünü getiren gözlerin... Görebildiğim, duyabildiğim her şey bana seni sevmeyi söylüyor. Uzaklaştıkça yaklaşıyorum sana. İşin en kötüsü, yaklaştıkça da uzaklaşmaktan korkuyorum.

Belki hiçbir zaman sana seni sevdiğimi söyleyemeyeceğim. Ne sana, ne senden başkasına. Düşün ki, çoğu zaman kendime bile söyleyemiyorum. Sanki söylediğim anda her şey bitecek ve bu emsalsiz büyü bozuluverecekmiş gibi geliyor. Bir insanın kendini aldatması ne güçtür bilirsin. Bu sevmek korkusunun aslında çok sevmek olduğunu biliyor, fakat anlatamıyorum. Galiba asıl korkumuz sevmek değil! Onun arkasına gizlediğimiz sevilmemek korkusu! Küçük küçük aldanmalarla kendimizi avutmaya çalışıyor, düştüğümüz çıkmazda bir teselli arıyoruz. Kim bilir, belki karşılıklı bir oyun oynuyoruz seninle. Belki de aynı korkular içindeyiz, birbirimizden haberimiz yok.

Sevmek... Seni alabildiğine sevmek... Hiçbir şeyi umursamadan, bütün karanlıkları hiçe sayarak sevmek... Tutmak ellerinden o derinlere inmek, gitmek oralara, o yerlere. Orada hep sen olmak, seni yaşamak ve olduğun yerde bile seninle sensiz olamamak! Sonra da sensiz edemediğimi, edemeyeceğimi söyleyememek sana. Susmak, susmak; korkudan ölünceye kadar.

Şimdi sevginin bataklığındayım ve korktukça her an biraz daha saplanıyorum. Bakışların biraz daha derine çekiyor beni.

IV

Bazı duygular vardır anlatılmaz anlaşılır sadece. Sevenin sevdiğini bilmesi kadar; sevilen de anlar sevildiğini. Sevgi her zaman belirli kelimelerle söylenmez. Çoğu defa bir bakış yeter de artar bile... Yeryüzünde hiçbir kuvvet insanoğlunu sevme hakkından alıkoyamaz. Sevmek çoğu zaman var olmaktır. Sonunda bizi yok olmaya götürse bile. Ben şimdi varım ve seni sevmek hakkımı kullanıyorum. Sen bile buna karşı koyamazsın. Sana gelinceye kadar sonu gelmez bir arayıştı sevgilerim. Bir zaman başkalarında aradım seni, başka yüzlerde, başka ellerde aradım. Aldandım, fakat bir gün seni bulmak ümidini kaybetmedim. Nasıl olsa gelecektin bir gün. Ve işte geldin de! Bana tatmadığım hüzünleri tattırmaya, bilmediğim kederleri öğretmeye geldin. Acıdan yana ne kalmışsa yaşamadığım hepsini bir bir sen yaşatacaksın bana. Bir gün yaşamanın gereksizliğini de senden öğreneceğim. Bu selin akışını hiçbir şey durduramaz artık. Ummadığım ve ummadığın bir anda çıktın karşıma. Coşkun ırmaklar gibi, amansız seller gibi geldin, mutlaka yıkarak ve benden birçok şeyi beraberinde sürükleyerek gideceksin. İşte o zaman yoklukların en dayanılmazı ile karşı karşıya kalacağım. Er geç gideceksin; beni anlayamadan, beni sevemeden gideceksin. Yalnız bir iç kırıklığı kalacak senden, tesellisiz bir hüzün kalacak. Yıllardır aradığım sendin, ama sen gittikten sonra başkasını arayamayacağım. Gelmeyecek bile olsan, ömrümün sonuna kadar arardım seni.

Ama geldin bir kere; ister bilerek gelmiş ol, ister bilmeden... Geldin ya! Şimdi her şey güzel seninle. Yürümenin, konuşmanın, nefes almanın bir başka anlamı var artık. Sen varsın, her şey bambaşka gözlerimde.

Olduğun yerde en basit bir şey bile apayrı bir değer kazanıyor. Duyguları böylesine en güzel, en harikulade haliyle bulduktan sonra bir gün onları kaybedivermek korkusu içimi tarifsiz bir acıyla dolduruyor. O zaman bu yokluklara dayanamayacağımı anlıyorum. Belki hiçbir mutluluk sürekli değil bu dünyada. Her sevgi bir ayrılıkla sonuçlanmaya mahkûm! Yine de verdiklerin hiç bitmesin istiyorum.

Bir zaman ölümü düşünmüştüm. Onsuz yaşayamayacağımı sanıyordum. Bütün inançlarım, umutlarım bir bir terk etmişti beni. Milyonlarca kalbin çarptığı bir şehirde yapayalnızdım. Yaşamamı gerektiren bütün bağlar kopmuştu. Oysa, o da bu şehirdeydi. O da bir zaman çaresizliğin tunç kapılarını zorlamış, açamayacağını anlayınca her şeyi olduğu gibi kabullenmişti. O da yalnızdı, ama benim kadar değil. Çünkü çevresinde hiç kimse olmasa bile, yine bir kendisi vardı. Beni, benim gibi bensiz kalacak kadar sevmemişti ki!

Yokluğum pahasına da olsa onu istiyordum. Onun yaşadığı bir şehirde onsuz kalmanın acılarına dayanamadığım için ölümü düşünmüştüm. O vazgeçilmezdi benim için, doyulmazdı, kanılmazdı ve yeryüzünün bütün güzelliklerine rağmen, onun yokluğuna dayanılamazdı. Ama görüyorsun ki, yine yaşadım. Sensiz kaldığımı bile bile yaşamak macerasına çaresiz boyun eğdim. Ezilmiş otlar gibiydim, devrilmiş ağaçlar gibiydim, öldürülüp içi doldurulmuş kuşlar gibiydim.

Sonra bir gün sen çıktın karşıma, içimde küllenen duyguları yeniden yaktın. Yeniden can verdin bana. Bir sabah uyanmanın o eşsiz mutluluğunu tattırdın. Her gün seninle beraber olmanın tadı ılık ılık yayılmaya başladı kanıma. Unuttuğum arzuları, yitirdiğim hazları getirdin bana. Artık yalnız yaşamayı düşünür oldum. Ölüm düşüncesinden gitgide uzaklaştım. Kurumuş dudaklarıma su verdi ellerin. Bakışların yepyeni bir ışık verdi gözlerime. Seninle var olduğumu anladım. Geçen zaman bir korkulu rüya gibi uzaklarda kaldı. Uzun süren bir nekahat devresinden sonra dünyaya yeniden gelmiş gibiydim. Belki sen yoktun, hepsi yalandı bunların. Ne çıkar? Senin için söylüyor, senin için yazıyordum ya!

Her şeyin rengi seninle değişti. Duvarlar seninle aydınladı, pencereler seninle ışıdı. Sende ne bulduysam hepsi birbirinden yeni, hepsi birbirinden güzel. Yokluğunun ne korkunç bir karanlık getireceğini anlıyor musun? Nasıl her şeyin rengi yine birdenbire değişecek? Mutluluktan yana ne getirmişsen hepsini bir bir acımadan geri götüreceksin. Ardında taş taş üstüne kalmayacak, çiçekler açmayacak, kuşlar ötmeyecek. Şimdi varsın, var olmaktan öte bir şeysin. Yokluğunu da varlığın gibi yudum yudum içeceğim. Seninle varım, gidersen seninle yok olacağım. Anla biraz.

V

O durmadan kaçıyor, sen ardından gitmiyorsan; o günün her saatinde saklanıyor, sen yollara düşüp deli divane aramıyorsan; o sana acıların en büyüğünü tattırıyor, sen bundan en yüce hazzı duymuyorsan; boşuna aldatma kendini, onu sevmiyorsun demektir.

Elindeki içki kadehinde, dudağındaki sigarada, okuduğun kitapta, mırıldandığın şarkıda, söylediğin şiirde, gördüğün rüyada ve yaşaman için ciğerlerine doldurduğun havada o yoksa; onun vazgeçilmezliğini anlamamışsan; onu sevmiyorsun demektir.

Renkler onunla değerlenmiyorsa, örneğin; onsuz kırmızı kırmızılığının, mavi maviliğinin farkında değilse, beyaz yalnız o giydiği zaman güzelliğini haykırmıyorsa, sabahları onu görünceye kadar güneş doğmuyorsa ve onsuz gökyüzü geceleri aya, yıldızlara hasret değilse; onu sevmiyorsun demektir.

O olmadığı zamanlar kalabalık içinde bile onsuz olmaktan gelen derin yalnızlığı duymuyorsan, onun karşısında bütün duyguların felce uğramıyorsa, elini tuttuğun zaman için titremiyorsa, yüzüne baktığın zaman başın dönmüyorsa; onu sevmiyorsun demektir.

Sokakta gördüğün her yüzde ondan bir şeyler aramıyorsan, güzel bir manzara, hüzünlü bir musiki onu hatırlatmıyorsa, uykudan uyandığın zaman yaşamakta olduğundan önce onu hatırlamıyorsan, omuzlarına dökülmüş saçları, bir sis perdesinin arkasında her zaman gülen, ışık saçan gözleri aklına gelmiyorsa, durup durup avuçlarının sıcaklığını özlemiyorsan; onu sevmiyorsun demektir.

O kendinden önce kim olmuşsa hepsini hiç tanımamışçasına ve bütün hatıralarını hiç yaşamamışçasına sana unutturmamışsa; bütün kişileri ve eşyaları bir kenara itip yeryüzünde tek insan olarak sana gelmemişse, onu en azından yaşamak kadar arzu etmiyorsan ve yanındayken bile her yerini ayrı ayrı özlemiyorsan; onu sevmiyorsun demektir.

Dünyada yaşayan öteki insanların senin için hâlâ bir değeri varsa, ona karşı tutumunu toplumun köhne ve manasız kurallarına göre ayarlıyorsan ve açık açık sanki var olduğunu haykırırcasına sevgini söylemiyorsan; onu sevmiyorsun demektir.

Yok, o senin için her şeyden değerliyse, gözünü yumduğun anda onu görebiliyorsan, o bütün şarkılarda, bütün şiirlerde, bütün resimlerde ise, ona muhtaç olduğunu söylemekten utanmıyorsan, senin içten ve büyük sevgine karşılık vermeyeceğinden korkmuyorsan, bütün bencil duygularından sıyrılabilmişsen onun için her şeyi, ama her şeyi yapacak gücü kendinde buluyorsan, her hali sana ayrı ayrı güzel geliyorsa, karşısında kendini bir çocuk gibi hissediyorsan, istediği anda onun için ölebileceksen, onun için yaşıyorsan ve yine bir gün onun için bildiğin bilmediğin bütün düşmanlıklara karşı koyabileceksen, o her geçen dakika sende biraz daha büyüyorsa ve kendi kendine onu kendinden bile çok sevdiğini bütün samimiyetinle, inanmışlığınla itiraf edebiliyorsan, bir dua gibi adını söylüyorsan, bir gün o seni hiç, ama hiç sevmediğini söylese bile, senin sevginde azalma olmayacaksa ve ölünceye kadar onu aşkların en ölümsüzü ile sevebileceksen; işte o zaman onu seviyorsun demektir.

O sana sevmeyi, gerçek aşkı öğretti. Sen onu hep sevecek ve sevilmenin mutluluğunu tattıracaksın. O, hiç sen olmasan bile, seni bir parça sevmese bile...

VI

Çağırdığın zaman gelmiyor mu? Bırak gelmesin... Böylesi daha iyi. Onu yokluğunda sevmeye devam et ve bekle. Bekle ki, yüreğini özlemlerin en güzeli doldursun, bir ateş sarsın her yanını. Böylesine ateşler içinde yanarken bile, yalnız onu düşün, yaşama gücün onunla artsın. Farz et ki yanında; avuçlarının serinliği ellerinin sıcaklığına karışıyor. Gözlerinde eriyor gözlerin. Sana istediğin, beklediğin en güzel şeyleri söylüyor. Seni sevdiğini, sensiz edemeyeceğini, inanacak mısın? Hayır değil mi? Çünkü seni sevmediğini ve sevemeyeceğini biliyorsun. Birbiriniz için yaratılmamışsınız. Apayrı dünyalarınız. O hep yalan söylüyor sana. Sen nasıl yıllardır onu aramış ve bulmuşsan; o da bir başkasını arıyor. Belki yarın bulacak, belki de hiç bulamayacak. Ne değişir? Sen değilsin onun aradığı.

Boşuna aldatma kendini. Gülüşlerinden, bakışlarından ya da gelişigüzel söylediği şeylerden bambaşka bir mana çıkarmaya çalışma. Bu gelen o değil diyorum, anlasana. O hiç gelmeyecek sana. Daha çok bekleyeceksin. Sevmek biraz da ümit etmektir, hayal kurmaktır. Bir gün geleceğine inanıyor musun? Onunla avut kendini. Ama düşün, hiç gelmeyeceğini anladığın anda, yıkılışın da büyük olacak. O zaman kendini anne yalnızlığının kollarına atacak, ağlayacaksın. Seni teselli etmeye yalnızlığın da gücü yetmeyecek artık. İster istemez ölümü düşüneceksin. Fakat ölüm bile seni istemeyecek, kabul etmeyecek. Çeşitli sebepler yaşamanı gerekli kılıyorsa, nasıl ölebilirsin? Görüyorsun ya; ona bir an için de olsa seni kaybetmenin acısını tattıramayacaksın. Çaresizliğin bu kadar derin işte!

O bir gün yanılıp sana gelse bile; sadece şekil olarak gelecek. Onu hep bir başkasıyla paylaşmak zorunda kalacaksın. Eti seninle olacak, ruhu başkasıyla. Hiçbir zaman onun bütününe sahip olamayacaksın. Aranızda hep bir perde bulunacak. Kara, kapkara bir perde. Değil yırtmaya, onu bir parça olsun aralamaya bile gücün yetmeyecek. İkiniz ayrı ayrı oyunlarınızı oynamaya devam edeceksiniz. O senden habersiz, sen ondan habersiz... Söyle, bu kupkuru beraberliğin bir tadı var mı? Bu ruhsuz kavuşma hüzünden ve iç kırıklığından başka ne getirdi sana?

Öyleyse bırak hiç gelmesin. Böylesi daha iyi. O senin özlemlerin içinde güzel. Gelirse büyü bozulacak. Karşında onu değil, bir başkasını bulacaksın. Sana en uzak haliyle en yakın olacak bir başkası! Bulduğunu sanma, yanılıyorsun. Onu aramaya devam et. En iyisi aramak...

VII

Sen yoksan, zaman yok. Saatler ilerlemiyor artık. Yokluğun dayanılmaz bir zamansızlık halinde işliyor içime. Dakikalara bir yılın ağırlığını yüklediğin yetmez mi? Beklendiğini ve nasıl olsa bekleneceğini bildiğin için gelmiyorsun. Çektiğim tarifsiz üzüntüler kim bilir sana nasıl bir haz veriyor olmalı? Yoksa gelirdin. Böylesine bekletmezdin beni. Zamansızlığın çıldırtıcı karanlığına itmezdin. Bir an için olsun seni unutabileceğimi düşünsen; gelirdin elbette. Ve bir daha hiç ayrılmazdın benden. Gururun seni unutmama razı olmazdı. O zaman kendini unutturmamak için, gururunu bile ayaklar altına alabilirdin. Oysa şimdi seni unutamadığıma o kadar eminsin ki, bunları düşünmüyorsun bile... Bütün istediğin gitgide artan bir güç ile, durmadan yalnız seni sevmem. Değil mi?

Yakınlarda biri şarkı söylüyor olmalı. Zamansızlığıma hüzünlü bir ses karışıyor. Belki gelirsin diyorum. Böyle bir şarkı gibi girersin odama. Önceleri inanmam geldiğine. Kapıdan yana bir zaman şüpheli gözlerle bakarım. Sonra sımsıcak bir heyecan sarar kalbimi. Ne söyleyeceğimi bilemem. Gözlerim gözlerine takılır kalır. Gelir, yakınımda bir yere oturursun. Verdiğin mutluluğun büyüklüğünü anlarsın, gözlerinin içi güler. Dostça uzanır ellerin, tam elimi uzatıp tuttuğum anda yine bir şarkı gibi biter kaybolursun. Yok, yok! Bir şarkı gibi gelme bana. Hiç bitmemecesine gel ve hiç gitmemecesine...

Er geç geleceğine inanmak iyi. Bütün bu ümitler güzel. Fakat bir ses var kulaklarımda; bana hiç gelmeyeceğini söylüyor. Gelmek için seni unutmamı bekliyorsan; hiç gelmeyeceksin demektir. Ya da çok geç gelmiş olacaksın. Benden apayrı, bambaşka bir ben olacak karşında. Kulaklarım sesini duymayacak, gözlerim seni görmeyecek. Kokunu ta içimde hissetmeyeceğim. Ellerin bir mermer parçasını tutarcasına tutacak ellerimden. Avuçlarımın soğukluğu, yüzümdeki çizgilerin derinliği sana o zaman yaşamadığımı söyleyecek. Ne kadar uğraşsan seni hatırlayamayacağım. Camlaşan ve o bütün canlılığını yitirmiş gözlerime korkuyla bakacaksın. Çok istediğin halde dudaklarım sana sevgimi anlatamayacak. Ansızın korkunç bir paniğe kapılacaksın. Kaçmaya alışkın ayakların seni uzaklaştıracak benden, içindeki yaşama gücü seni alıp uzaklara, çok uzaklara götürecek. Adımın anılmadığı, şiirlerimin söylenmediği uzaklara...

Unutma; ben yoksam, zaman da yok. Unutma; nasıl sensizliği ben yaratmadımsa; o zaman tadacağın bensizlik de benim eserim olmayacak!

VIII

Kendi kendime boyuna tekrarlıyorum: Sen hiçbir zaman anlaşılmayacaksın! Değil mi ki seni o bile anlayamadı... Bu milyonların içinde yapayalnız yaşamaya mahkûmsun sen. Bütün çabaların boşuna! Alınyazın ölüme kadar takip edecek seni. Kaderinin çizdiği yalnızlık çemberinden çıkamayacaksın. O milyonlar belki adını duyacak fakat seni tanımayacaklar. Her yaklaştığın insan, biraz daha uzaklaşacak senden. Aranızda gitgide genişleyen uçurumu hiçbir şey dolduramayacak. Sen hayal gücünle kendine bambaşka bir dünya yarattın. İnsanları olduklarından başka türlü gördün. O insanlar da şimdi sana hiç benzemeyen bambaşka bir sen yarattılar senden! Uğraş bakalım, kaçabilecek misin? Hadi, insanlardan kaçtın diyelim... Uzaklarda, çok uzaklarda gerçek ve büyük yalnızlığı buldun. Toprakla, suyla, gökle, kuşlarla, çiçeklerle baş başasın işte!

Çevrende o seni anlamayanlar yok artık. Dilsiz ağaçlar, sağır otlar arasındasın. Fakat bir sen varsın ya yine. O zaman da içindeki o ikinci sen gölgeleyecek yalnızlığını. Bir an gelecek, tek başına ona tahammül edemeyeceğini anlayacak ve tekrar döneceksin bu kör kalabalığa. Kimseden anlayış bekleme öyleyse. Bütün mustaripler gibi içine dön, kendine kapan. Bir dost eli mi uzandı sana? İnanma! Seni mi övüyorlar? Güvenme! Sevilen, alkışlanan sen değilsin aslında. Her insan senin o doludizgin yaşantında kendisini buluyor, kendisini seviyor. Sen onlar için, yapmak isteyip de yapamadıklarısın. Şiirlerin söylemek isteyip de söyleyemedikleri.

Dün de terk edilmiştin, daha önceki günler de... Bugün terk edilmiş olmak, anlaşılmamış olmak bu kadar ümitsizliğe düşürmesin seni. Yine sevecek, yine terk edileceksin. Alınyazından kaçman mümkün değil. O sonuna kadar seninle beraber olacak. Senin yüreğin sevmek için çarpıyor. İnsanları sevmeden yapamazsın, yaşayamazsın... Onlar seni hiç sevmese de, anlamasa da yüreğin çarptıkça sen onları sevecek, onlar için yazacaksın. Seni anlamayanlar yazdıklarını da anlamayacaklar. Boş hayallere kapılma. Bir tek ümit var senin için. Yazdıklarının senden sonra anlaşılması! O zaman bugün seni anlamayanlar, ardından bir sevgi yarışına çıkacaklar. Tavan arasında unutulmuş eski eşyalar gibi ortaya çıkarılacak dostlukların, aşkların. Sen yaşadığın müddetçe bu sonu gelmez acıları çekmek zorundasın. Ümitlerinin gerçekleştiğini yaşadıkça göremeyeceksin, göremeyecekler de! Ve sonra bir gün yokluğun seni özlenir, anlaşılır yapacak. O günü görenler yaşarken anlaşılmamış olmanın bütün suçunu da sana yükleyecekler unutma!

IX

Beni bu derin yalnızlığa yaşadığım yıllar hazırladı. O yılların içinde sen vardın, başkaları vardı. Hepiniz bir bir aldattınız beni, birer birer terk ettiniz. Senden önce hiç kimseye git dememiştim. Ama hepsi gitti. Benden bir şeyler alarak, içimden bir şeyler koparark gittiler... İnançlarım yıkıldı, umutlarım azaldı. Şimdi çevremi kuşatan bu kopkoyu yalnızlığın içinde, geçmiş yılları düşünüyor, o artık bir daha geri gelmeyecek zamanlara ağlıyorum.

Seni tanımadan yalnızlığın bu kadar korkunç olduğunu bilmezdim. Nice aldanmalar görmüş, nice yalnızlıklara dayanmıştım senden önce. Ne kadar hayal kırıklıkları ile dolu olursa olsun; yaşantım en büyük gücümdü. Hatıralar tesellimdi ve bir gün seni bulmak ümidi beni hayata bağlıyor, her geçen gün biraz daha sana doğru itiyordu beni. Şimdi senden kalan hatıraları derin bir nefes alırcasına içime dolduruyor ve beni sensiz koyan alınyazıma ağlıyorum.

Bazen saatlerce oturur hiçbir şey konuşmazdık seninle. Gözlerimiz birbirini bulurdu, ellerim ellerine değerdi. Birkaç tel düşerdi alnına saçlarından. Avuçlarımız yanardı, özlemle dolup taşardı yüreklerimiz. Uzaktan gemiler geçerdi, bazen yağmur yağardı, ıslanırdık. Bazen serin bir rüzgâr çıkardı, üşürdün. Sonra yavaş yavaş akşam olmaya başlardı. Gün batardı karşı sahillerde. Ayrılık vakti yaklaşırdı. Şimdi o beraber yaşadığımız emsalsiz dakikaları özlüyor ve yokluğuna ağlıyorum.

Belki seni bir daha hiç görmeyeceğim. Görsem bile ne değişecek? Belki beni tanımayacaksın bile. Gözlerini eğerek geçip gideceksin yanımdan. Aynı şehirde iki yabancı gibi yaşayacağız artık. Birbirimizin varlığından habersizmişçesine, yıllar yılı bir hayat yükünü taşıyıp gideceğiz. Hatıralar gitgide içinde küllenmeye başlayacak. Bana ait hiçbir şeyi hatırlamak istemeyeceksin. İşte şimdi o dayanılmaz unutuşu ta derinden hissediyor ve başımı ellerimin arasına alıp unutulduğuma ağlıyorum.

Kim bilir ne zaman dinecek bu gözyaşları? Bu merhametsiz koşu ne zaman bitecek? Anlasana; yoruldum artık. Sensiz hiçbir şeyin değeri kalmadı gözlerimde. Bir an önce bu koşu bitsin istiyorum. Düşünsene, bütün saatler durmak için o ânı bekliyor. Sonu duyuracak kampana çalsın artık. O anda tanımadığım seyirciler ayağa kalksın. Muhteşem bir son olsun bu. Duyduğun zaman içinde bir şeyler burkulsun ve gözyaşlarının en güzeliyle dolsun gözlerin. Benim ağlanmayacak bir yerde olduğumu düşün ve artık sen ağla. Yokluğuma, sevilmemişliğime, anlaşılmamışlığıma...

Şimdi seni sevdiğime değil, yaşadığıma ağlıyorum.

X

Biraz önce buradaydı o! Şimdi yok, sanki aradan yıllar geçti. Onun yokluğunda eşyaların bile eskidiğini hissediyorum. Ne kadar ağır havası bu odanın! Her şey nasıl da birdenbire geçen zamanın bıraktığı tozlar altında kaybolmuş! Duvarlar kapkaranlık, yalnızlığın kirli yeşili kaplamış her yeri. Nereye baksam pas ve küf. Camlar parlaklığını yitirmiş, tahtalar çürümüş için için. Yıllardır el değmemiş şu kapıya. Pencereden giren kirli esmer ışık sarartmış resimleri. Çiçekler çoktan kuruyup solmuş. Her yerde yokluğunun yankılarını duyuyorum. Şakaklarım zonkluyor, kulaklarımda derin bir uğultu. Hiçbir şey düşünemiyorum. Bir savaş sonrasının yanmış, yıkılmış siperleri arasındayım sanki. Dört yanımda ölüler, kopmuş bacaklar, paramparça kollar, kafatasından akmış beyinler...

İşte bütün oyunlar bitti. Perde kapandı. Salonda benden başka kimse yok artık. Bir köşede onu bekliyorum. Oysaki o çoktan gitmiş olmalı. Perdenin arkasında kimseler olmadığına kendimi inandırmak ne kadar güç. Oyun yeniden başlasın ve hiç bitmesin istiyorum. Ama hep o olsun sahnede. Kesiksiz ve süresiz o olsun. Uzaktan görsem yeter. Belli belirsiz sesini duysam, bu yetecek bana. Hayal meyal görebilsem yüzünü; başka bir şey istemem. Hadi çık artık diye bağırmamak için kendimi güç tutuyorum. Çık da zaman değerlensin. Çık da bambaşka bir anlam kazansın yaşamam. Çık da bütün çaresizliklere meydan oku. İmkânsızlıklar erisin dudaklarında, ellerin karanlıkları kovsun. Ben senin vefalı seyircin; oturduğum yerden bütün gücümle haykırıyorum, duymuyor musun? Yokluğun yetti artık. Gel! Gel! Ne olur gel!

Sesim taş duvarlarda yankılanıyor. Ne gelen var, ne giden. En gerçek yalnızlığın ortasındayım. Buradan çıkıp gitsem, karışsam o duygusuz sürünün içine. Yollarda onu arasam. Baktığım yüzlerde onu görsem. Denizlerden esen serin bir rüzgâr onun okşayışlarını hatırlatsa bana. Sevdiği bir şarkı söylense, duysam; içim ürperse. Sonra önüme ilk çıkan meyhaneye girsem, her şeyi unutup içsem, içsem! Gözlerim dumanlansa, başım dönse. Ve yine onu unutamasam bir türlü. Başımı masanın soğuk ve pis mermerine dayayıp ağlasam ağlasam... Tuzlu gözyaşlarımın tadı, içtiğim içkinin burukluğuna karışsa. Yansam için için... Korkunç bir yangındır başlasa damarlarımda. Kül olsam! Kül olsam!

Onu küllerimde arayın!

XI

Tren, kesik kesik homurtularla son istasyona doğru yaklaşıyor. Camdan dışarı bakıyorum; renk renk otlar, ağaçlar, tarlalar, tepeler bir film şeridi gibi geçiyor gözlerimin önünden. Uzaklarda hayal meyal insanlar görüyorum. Yaşantılarını sürdürmeye çalışan ezilmiş ve fakir insanlar. İçime doldurduğum havaya onların umutsuzluğu yayılıyor. Nasırlaşmış ellerini, donuk, hüzünlü gözlerini görür gibi oluyorum. Esmer, kirli bir akşam çöküyor vadiye. Bulut kümelerinin rengi yavaş yavaş kararıyor. Artık yol kenarında kocaman ve ne olduğu belirsiz gölgelerden başka bir şey yok. Çığlığa benzer bir düdük sesi yolculuğun bitmekte olduğunu haber veriyor. Bu trendeki öbür yolculardan hiçbirini tanımıyorum. Ayrı ayrı yerlerde doğduk, ayrı ayrı yerlerde yaşadık. Bambaşka anılarımız var.

Bu tren her birimizi başka başka istasyonlardan aldı. Fakat hepimizi aynı yere götürüyor. Bu son yolculuğumuz biraz sonra bitecek. Garip bir korku sabırsızlığımıza karışıyor. Kalan dakikalar gitgide büyüyor gözlerimizde. Trenin yavaşladığı bir sırada atlayıp bu gidişten kurtulmak aklımıza gelmiyor. Kadere boyun eğmiş bir halimiz var. Bildiğimiz, bilmediğimiz her şeyi kabullenmişiz artık. Acı ve tatlı anılarıyla hayatı arkamızda bırakıyoruz. Dünya gitgide küçülüyor, kayboluyor. Tren yavaşladı durmak üzere. Tabutlarımız ve kefenlerimizi alıp inmeye hazırlanıyoruz. Ve tren duruyor. Yakamda senin çok sevdiğin bir çiçekle inip kalabalığın arasına karışıyorum.

Bu tren bir gün seni de alıp götürecek. Sen de bilmediğin insanlarla bu son yolculuğa çıkacaksın. Onun için şimdi boşuna ağlama, üzülme. Toprak seni sarmak için, böcekler seni öpmek için bekliyor. O zaman bütün güzelliklerin, bütün kederlerin ve umutların dünyada kalacak. Sen de aslında her şeyin boş ve yalan olduğunu bu yolculukta anlayacaksın. Sona yaklaştıkça önceleri için ürperecek, korkacaksın. Sonra gözlerimizin karanlığa alışması gibi yavaş yavaş alışacaksın bu yokluğa. Sevdiklerin gelecek aklına birer birer. Sevildiğin günler gelecek. Yaşadığın emsalsiz aşk gecelerini hatırlayacaksın ve bu gecelerin pırıl pırıl sabahlarını. Görünmez bir el bütün vücudunu baştan aşağıya okşayacak. Saçlarının koklandığını, dudaklarının öpüldüğünü hissedeceksin. Sonra bırakıvereceksin kendini bu sonu gelmez sandığın sarhoşluğa. Bir an gözlerini yumacaksın ve tren duracak. Bundan sonra başka bir istasyon olmadığı için acele etmene lüzum yok. Fakat yine de toprağı bekletme. Çiçekler, ağaçlar, otlar seni karşılamaya gelmişler. Görüyor musun? Boşuna bakma çevrene, beni arama. Bu defa karşılayıcılarının arasında ben yokum. Korkma! Yalnız geldin, yalnız gideceksin...

Hüzün şarkıları yalnızlığında başladı, yalnızlığında bitecek.

XII

Korkma! Yaşayacağım... Yaşadıkça her gün bir daha ölmek için. Oysa bütün umutlarımı yitirdim. Gülmeyi unutalı yıllar oluyor. Penceremi aydınlığa, kapımı sevince çoktan kapadım. Zamanın ve mevsimlerin farkında değilim artık. Bu yükü sonuna kadar taşıyacak, bu çileyi sonuna kadar çekeceğim. Kadere isyan etmenin ne faydası var? Kendime ördüğüm bu dört duvar arasında zehir bir yalnızlığı içeceğim yudum yudum. Ne kadar yumruklasam o taş duvarlar yıkılmayacak, kimse duymayacak sesimi.

Meğer çaresizliklerin en korkuncu, çaresizlikleri olduğu gibi kabullenmekmiş! Bütün yolların çıkar yol olmadığını öğrenmekmiş! Sevmek unuttuğumuz bir şarkıdır şimdi ve inanmak bir uzak hatıra oldu. Hepimiz asılmış birer insanız bu boşlukta. Bir an gelecek kendi ağırlığımız öldürecek bizi.

Suçumuz ne? Onu bile bir söyleyen çıkmayacak. Son ânımızda bütün inançlarımızın boş olduğunu anlayacak; inanarak yaşadığımız bir dünyayı inanmamış olarak bırakıp gideceğiz. Kim bilir ne zaman ve kim bilir nereye?

Şimdi muhteşem bir orkestrayı dinliyorum. Oysaki gözün alabildiğine karanlıktan başka bir şey yok çevremde. Fakat o karanlığın içinde göremediğim eller, bilmediğim çalgıları çalıyor ve ben kendimden geçmiş dinliyorum. İçe kapanışın en güzel olduğu yerdeyim. O hüzünlü musiki içinde bir kadın hüzün şarkıları söylüyor. Söylerken ağladığını hissediyorum. Yanaklarından süzülen yaşlar sesine karışıyor. O kadar yalandan geliyor ki sesi, ellerimi uzatıp arıyorum. Ansızın şarkı bitiyor. Kimseler yok. Bir uykudan uyanırcasına kendime ve yalnızlığıma dönüyorum.

Attığım her adım, yaşadığım her dakika sona biraz daha yaklaştırıyor beni. Nehirler sona doğru akıyor, yollar sona doğru gidiyor. Sonun habercisi mevsimler ve bu içe kapanış sonun başlangıcı. Belki biraz önce dinlediğim son şarkıydı. Ama son hüzün değildi, anlıyorum. Hüzün şarkılarını bitirirken eşiğine geldiğim sondan, senin sonsuzluğunu selamlıyorum. Sonsuzluğunu ve ölümsüzlüğünü...

SENDEN
SENİNLE
SENİN İÇİN

I

Yaşanmaya değer ne varsa yeryüzünde senden geliyor. Senden geliyor sevinçler, hazlar. Özlemlerin tadı, aşkın ölmezliği, güzelliğin anlamı senden geliyor.

Sen neredeysen iyilik, temizlik orada, dostluk orada, insanlık orada, inanmak, sevmek orada. Orada en koklanmamışı çiçeklerin, orada en tadılmamışı meyvelerin, renklerin en solmazı, şarkıların en unutulmazı orada.

Zaman; senin olduğun yerde bir ağaçtır meyve veren. Duygu senin olduğun yerde eşittir sonsuzluğa. Senin olduğun yerde yaşamakla ölüm birbirini tamamlar. Sen yoksan zaman yok, duygu yok. Yaşamak da yok, ölmek de yok sen yoksan.

Varsan güçlüyüm, varoluşundur yaşatan beni. Ölürsem; varlığına inanarak ölürüm.

Ben bu yere seninle vardım. Seninle gideceğim o yerlere. Seninle tamamlandım, seninle bütünüm, seninle bölünmezim. Seninle varım, seninle yok olacağım.

Sen yaprak mısın? Öyleyse ağacımda senden başka yaprak yok, olmayacak da...

Sen yıldız mısın? Öyleyse yine teksin. Senden başkasını görmüyor gözlerim gökyüzünde, görmeyecek de...

Sen kul musun? Tanrı mısın yoksa? Tanrı'ysan tek kulun benim. Kulsan Tanrın olmadı, olmayacak da...

Kimin elleri şafağın perdelerini açan? Aydınlığa kavuşturan bizi kimin elleri?

Kimin dudakları gündüzlere renk veren? Ömrü yaşanır hale getiren kimin dudakları?

Kimin gözleri parlayan gecenin ortasında? Karanlıklara mana veren kimin gözleri?

Dudakların varsa yaşanmaya değer eşsiz bir gün de var. Gözlerin varsa geceler güzeldir hiç bitmemecesine. Ellerin varsa er geç sabah olacaktır. Ve sen varsan aylar, mevsimler de var...

Bir adam ağlıyor ortasında sensizliğin... Senin için. Bir adam seni gördü, gözleri ışıl ışıl, içi aydınlandı, bak. Senin için. Bir adam en güzel mısralarını yazıyor. Senin için.

Senin için bu şiirler, bu şarkılar. Senin için ses veriyor piyano tuşları, keman telleri. Senfoniler senin için, konçertolar senin için. Eller senin için yontuyor taşları, eller senin için tuvale uzanıyor, senin için çalıyor eller, senin için yazıyor.

Senin için yine bir şey yapılmış sayılamaz, her şey yapılır da...

Bütün o'lar sen demektir. Benim sen olduğum kadar. Ama sen ne bensin ne de o. Sen hep böyle sen kalacaksın.

Biz ve onlar senden geldik, senin için yaşıyoruz, sana gideceğiz.

Senin için yaşamıyorsam, yaşamak, benden uzak olsun.
Senin için ölemeyeceksem, ölüm uğramasın kapıma.
Senden her şeyimle, seninle her yerde, senin için her zaman.

II

Artık kimse yalnız değil yeryüzünde. Sen varsın ya! Keder yıldırmaz beni, ölüm korkutmaz bir daha. Sen varsın ya! Bütün yokluklar kabulüm, bütün çaresizliklere razıyım. Sen varsın ya!

Sen geldin, değişti havası dünyanın, bulutların şekli değişti, denizlerin rengi değişti, kokusu değişti çiçeklerin. Sen geldin, en güzeli ben değiştim, anlıyor musun?

Sen bulunmayansın, bulduklarımız birer küçük parçadır bütünlüğünden. Sen bilinmeyensin, bildiklerimiz bir damladan öteye geçmez. Sen bölünmeyensin, hiç bıkılmayansın sen, hiç bitmeyensin.

Ne zamandır senden gelmeyen bir güzellik düşündüm, bulamadım. Ne zamandır senden geçmeyen bir yol aradım, bulamadım. Meğer sen olmaktan da güzel bir şey varmış:

Senden olmak.

Sana doğru uzanır kadehler, çiçekler sana doğru açar. Sana doğrudur akışı nehirlerin. Dalgalar sana doğru koşar, yükselir ve parçalanır ayaklarında.

Karlı dağ yamaçlarından serinlik getiren rüzgârın ilk okşadığı senin saçlarındır daima. İlk gün ışığı senin yüzüne vurur, senin ellerine düşer ilk yağmur damlası.

Dudaklarım çatladı susuzluktan, sana koşuyorum, ıslat dudaklarımı. Koy ellerini alnıma, serinlesin başım. Gölgene sığındım işte. Güneşler altında yapayalnız bırakma beni.

Seninle olmak istiyorum, seninle kalmak istiyorum günler geceler boyunca... Seninle doluyum, seninle taşacağım. Meğer ne büyük bir çabaymış seninle aşmak duvarlarını zamanın ve ölesiye yaşamak seninle!

Erişilmez olan ne varsa orada sen varsın. Sevilmeye değer ne kalmışsa yeryüzünde sensiz değil. Sencileyin eşsiz olan tek şey sensin yine.

Ölümsüzlük seni tekrarlamaktır bir bakıma. Bir açıdan seni görmektir zamansızlık, bir başka açıdan senden uzaklaşmaktır. Ve tarifi olmayan tek şeydir sensizlik.

Hiç sana sen misin demeyeceğim, çünkü karşında durmadan ben miyim diyorum. Ben miyim bu mutlu adam? Seni böyle delicesine seven ben miyim?

Meğer seni sevmek için gelmişiz dünyaya, seni yaşamak için gelmişiz. Baştan başa sen olduk senin için. Yalan senden uzaklaştığımız, gitgide yaklaşıyoruz sana. Bir zaman vardık, şimdi varız ve yine var olacağız senin için...

III

Çepçevre hüzünle sarıldım. Yalnızım, yorgunum. Ümitsizliğin en koyusu, çaresizliğin en kahredicisi içindeyim. Üstümde kapkara bir gökyüzü, altımda alabildiğine boşluk. Fırtınalar kopuyor, denizler çalkanıyor dünyamda. Kaçamam, kaçamam artık. O ne? Bu kelepçeyi kim vurdu ellerime? O ne? Ayaklarımdaki bu kalın, ağır zincirler ne? Nerdeyim söyle bana? Bu dört duvar arasına kim soktu beni? Bu beynimi tırmalayan sesler nerden geliyor? Sen nerdesin? Göremiyorum, hani dudakların nerde? Duyamıyorum, senin sesin nerde hani? Yoksa, sen de mi beni koyup gittin? Her şey sensizlikten mi geliyor yalnız? Yok! Yok! Sen gitmiş olamazsın. Bütün bu kederler senin eserin olamaz. Sen de yoksan, var olan ne?

Ağlıyorum. Yılların biriktirdiği bir hüzün seli boşanıyor gözlerimden. Hep seni düşünmek, durmadan seni düşünmek nasıl kahrediyor beni bilemezsin. Seninle hiç yaşamadık biz, seninle hiç bütün olmadık. Onun için sensizliğin dayanılmazlığı gitgide büyüyor içimde. Bir an baştan başa özlem kesildiğimi hissediyorum. Her yerim aklıma ve irademe isyan ediyor. Özlem; milyonlarca iğne halinde saplanmış tenime. Ancak sen çıkarabilirsin onları birer birer. Yaktığın bu özlem ateşini ancak sen söndürebilirsin. Hep seni bekleyeceğim. Sonuna kadar seni bekleyeceğim. Hiç gelmesen de beklemenin o büyük azabı beni yıldırmayacak. Senden geldiği için o azabı da seveceğim, inan. Senden gelen, senden gelecek her şeye açık yüreğim.

Benimle değilsin belki, ama ben hep seninleyim görüyor musun? Seninle zamanların en değerlisinde, nazların en tadılmamışındayım. Özlemlerin en yücesindeyim seninle. Bahçelerin en güzel çiçekleri sen göresin, sen koklayasın diyedir. Sen tadasın diye verir ağaçlar meyvelerini, insanlar her sabah sana kavuşmak ümidiyle uyanır ve dökülür caddelere. Milyonlarca göz her baktığı yerde seni arar, sana koşar ayaklar ve bütün eller yalnız senin için çalışır, senin için yaratır. Körlerin bile göremediği ama, hayal ettiği sensin. Dilsizler konuşsa ilk senin adını söylerdi. Sağırların duymak istediği senin sesindir sadece. Bir insan seni seviyorsa, seni düşünebiliyorsa yaşıyor demektir. Sen ölümsüzlüğün çekirdeği ve emsalsizliğin ta kendisisin. Senin için söylenir bütün şarkılar, her şiir senin için yazılır. Kızgın çöllerden, balta girmemiş ormanlardan kutuplara kadar dünyanın her yerinde var olan sensin. Sen olmasan dünya olmazdı, biz olmazdık, Tanrı bile olmazdı. Bu evren senin için yaratıldı. Yaşamamız senin için ölmeye hazırlıyor bizi.

IV

"Seni düşünüyorum yokluğunda, seni özlüyorum. En küçük bir zaman parçasında bile yaşadığım sensin. Beraberliğimizin bitmesine gönlüm razı değil. Her yerim ayrı ayrı isyan ediyor sensizliğe. Evet, seni seviyorum. Evet, sana inanıyorum. Ama önce seni istiyorum, seni!"

"Aşk, yalnız beraberliği özlemek değil, biraz da beraberliğin tadına varmaktır. Aynı zamanı yaşadığımıza göre, ayrı yerlerde olmamızın bir faydası yok. Benden uzaklaşmakla bir şey kazanamayacaksın. İstersen dünyanın öbür ucunda ol, elimi uzatsam tutabilirim seni. Gel, yanacaksak beraber yanalım."

"Gel, başını göğsüme daya, dilersen dizlerime yat. Sevişmenin kuralları yok, olmayacak da... Aşka her açıdan girebiliriz. Her yönden başlayabiliriz sevişmeye. Tenlerimiz birbirinin kokusunu aldı artık, aynı sıcaklığın içindeyiz. Çevremize arzudan bir daire çizildi, görüyor musun? Ondan kurtulamayız, boşuna çabalama. Bırak kendini akışına zamanın. Bırak; ellerin, gözlerin, dudakların sana sevişmeyi öğretsin."

"Yum gözlerini, dinle, yaklaşan ayak sesleridir ölümün. Fakat korkma, ölmeyeceğiz. Çünkü beraberiz, güçlüyüz öyleyse. Aramızda ölümün girebileceği bir boşluk kalmasın, yaklaş bana. İşte ölüm uzaklaşıyor. Yaşamamızla değil, beraberliğimizle karşı koyduk ona. Kim bilir? Belki de ben aldanıyorum. Öldük, farkında değiliz. Bu haz ölmekse; yaşamak zaten çok değersiz kalıyor yanında. Seninle böyle tekrar tekrar ölmeye razıyım."

"Ne o? Giyiniyor musun? Akşam mı oldu? Sahi gidecek misin? Nereye? Biraz daha kal."

"Peki, peki git öyleyse. Hayır, darılmadım. Hayır, sana kızmıyorum. Bütün kızgınlığım bu vakitsiz gelen ayrılık saatine, bu pis, bu manasız akşamüzerine."

"Haydi git. Fakat unutma, yine seninleyim."

V

Biraz önce gördüğüm karmakarışık rüyalardı. Çirkin suratlı adamlar, korkunç cücelerdi gördüğüm. Hepsi bir olmuş pis, iğrenç elleriyle boğazımı sıkıyorlardı. Donuk donuktu gözleri. Korkuyordum, bağırmak istiyordum, fakat sesim çıkmıyordu. Boğazıma bir şeyler düğümlenmişti, kaskatı kesilmişti ellerim, ayaklarım. Kaçmak istesem de kaçamazdım ki! Sonra ansızın uyandım işte! Yanımda seni buldum. Şafak söküyordu, güneş doğmak üzereydi. Perdenin aralığından giren ilk solgun ışık aydınlattı yüzünü. Öyle güzel uyuyordun ki, anlatılamaz. Bütün korkularım dağıldı birden, sen yanımdaydın, içim güvenle doldu. Gözlerimi yumdum, nefes alışını dinlemeye başladım. Bir garip musikiydi bu. Sonra ellerimi saçlarına uzattım. Sana ait bir şeye temas etmenin derin hazzıyla doldu içim. Gözlerimi açtığımda odanın her yeri iyice aydınlanmıştı, dışarıdan yeni bir güne başlayan şehrin gürültüleri geliyordu. Bir zaman da onları dinlemeye başladım, çünkü henüz benim sabahım olmamıştı. Ve sen uyandın... Gerçek ve mutlu bir sabah o zaman başladı. O zaman yeni bir günün en az dün kadar yaşanmaya değer olduğunu anladım. Korkulu rüyalar yerini iyimser düşüncelere terk etti. Sesin gelecek daha güzel günleri müjdeliyordu. Sabahtı artık! Benim sabahımdı bu, bizim sabahımızdı. Eğilip saçlarından öptüm ve senden aldığım güçle yepyeni bir günü yaşamaya koyuldum.

Sabah seninle doğan güneş biraz sonra batacak. Akşamın esmer hüznü ortalığa çökmeye başladı. Hafiften bir yağmur çiseliyor. Şehrin caddeleri pırıl pırıl bu akşam saatinde. Her biri bir başka yere gidiyor insanların. Telaşlı adımlar yorgun bedenleri bilinmeyen bir karanlığa doğru sürüklüyor. Yağmur değil yağan sanki, hüzün... Bir günün ağırlığı altında ezilmiş yüzlerini seyrediyorum insanların. O yılgın, o bunalmış yüzlerini... Bir iğne saplanmış gibi yüreğime tarifsiz bir acıma hissi duymaya başlıyorum. Senin varlığından habersiz olan insanlara acımaktan başka bir şey gelmiyor elimden. Bense sana doğru koşuyorum, attığım her adım biraz daha sana yaklaştırıyor beni. Seninle beraber değerlenecek olan emsalsiz bir geceye yaklaştırıyor. Yağmur hızlandı ve zaman yağmur damlalarının o iç ürperten sesine uymuşçasına akıp gidiyor. Birkaç dakika sonra yanında olacağım. Ne iyi! Sana yaşattığın bir günü anlatacağım. Sensizliğin dayanılmazlığını söyleyeceğim sana. Karanlık yaklaşıyor, bak, dinle gecenin ayak seslerini. Fakat korkma benimle beraber kapından içeriye gece değil, bir başka sabah girecek. Bu da benim sabahım, bizim sabahımız. İşte! Elimi kapının ziline uzatıyorum, üç defa çalıyorum. Kapıyı açıyorsun, kucaklaşıyoruz. Her yerimiz apaydınlık. Gece ve karanlık dışarıda kalıyor.

VI

Sen de bir yerde bütün kadınlar gibisin. Durmadan, usanmadan arıyor, fakat ne aradığını bilmiyorsun, bilmeyeceksin de. Bulabildiklerin seni kandırmayacak, doyurmayacak. Daima mevcut olmayanı özleyecek, mümkün olmayanı arayacaksın. Beni aramadan buldun, baksana onun için varım. Arasan beni bulamazdın ki! Şimdi sana ellerin kadar, kirpiklerin kadar yakınım. O zaman hayallerin arzuların kadar uzak olacaktım. Siz aramak için yaratılmışsınız bir kere, ne kadar arandığınızı hiç düşünmezsiniz. Dünyada sizi arayan insanların da yaşadığı ve sizi buldukları zaman bütünlenecekleri aklınıza gelmez. Saadet, sizin için daima aranan, ama hiç bulunmayan bir şeydir. Onu bulsanız bile kaybetmekten korkar, asla tadına varamazsınız. Beşikten mezara kadar süren bir aramaktır yaşamanız. Arandığınızı hissettiğiniz anda da kaçar saklanırsınız. Çünkü sizi arayan çoğu zaman aradığınız değildir. Bulamayacağınıza öylesine inanmışsınızdır ki! Sanki bulduğunuz anda her şey bitiverecektir, hiçbir manası kalmayacaktır yaşamanın. Varlığınız aradıkça büyür, arandıkça küçülür. Gurur en büyük düşmanınızdır, hiç küçülmek istemezsiniz. Saadetin alındığı kadar verilebileceğine de inanmazsınız. Alışverişini yaptığınız tek şeydir keder.

Yaşamayı çekilir yapan da sizsiniz, çekilmez hale getiren de. Bütün kötülükler sizin eserinizdir, bütün iyilikler gibi. Her kan dökülen yerde bir-iki tel vardır saçlarınızdan. Yalan, öylesine güzelleşir ki dudaklarınızda, kanılmaz bir türlü. Bir elinizin aydınlığa açtığı kapıyı öbür eliniz kapar. Aşk, önce sevilmektir sizin için. Sevmeyi alabildiğiniz mutluluklara bir karşılık olarak verirsiniz. Yaşadığınız her gün yeni bir pişmanlık getirir size. Kadınlık gururunuz bu pişmanlıkları doğuran bir makine halinde bütün ömrünüz boyunca çalışır durur. Gurur makinenizin en küçük bir duraklamasına asla razı olmazsınız. Gururunuz her şeyinizdir. Zaman zaman onu ayaklarınızın altına alır, fakat sonunda yine ona mağlup olursunuz. Sizi sevenlerin gururu ise en az ilgilendiğiniz bir şeydir. Onu incitmek sonsuz bir haz verir size. Aslında karşılaştığınız bütün hayal kırıklıkları, kederler, ümitsizlikler, gözyaşları kendi sevgili gururunuzun armağanlarıdır. En korktuğunuz şey bir gün terk edilmektir. Ama onu kaybedeceğiniz için değil. Önce davranıp onu terk etmediğiniz için kendinize kızarsınız. Kıskançlık yalnız sizin kullanabileceğiniz bir haktır yeryüzünde. Sizin kalbinizde asil, sizi sevenlerin kalbindeyse bayağı bir duygudan başka bir şey değildir o.

Sen de bütün kadınlar gibisin demiştim. Hayır! Hayır! Galiba bütün kadınlar senin gibi. Hepsi SENDEN bir parça, her biri SENİNLE aynı yerde. Fakat benim yüreğim SENİN İÇİN çarpıyor.

VII

Senden başka bir şey düşünemez oldum. Bir güzellik karşısında ilk aklıma gelen sen oluyorsun. Asıl büyük ve gerçek güzelliğin sende olduğunu ve senden geldiğini düşünüyorum. Yağmur yağıyor, benim gözlerimde yine sen varsın, yağmur altında, ıslanmış... Damlalar saçlarından yüzüne doğru süzülüyor. Saçların ıpıslak. Üşüyorsun. Fakat yine her zamanki kadar güzelsin. Sonra yağmur duruyor birden, bir toprak kokusu yayılıyor havaya. Senin kokunu hatırlıyorum. Ve yağmur sonrası gökkuşağında gördüğüm senin sevdiğin renkler sadece.

Bir akşam vakti. Güneş batıyor karşı sahillerin sırtlarında. Camlar pırıl pırıl. Yemyeşil tepelere bir yangının aksi vurmuş gibi. Nerdeyse bütün ağaçlar tutuşuverecek. Güneş bir kor yığını halinde ağır ağır kayboluyor. Ben yine seni hatırlıyorum, seni düşünüyorum. Benden her ayrılışında ufkumda bir güneşin nasıl battığını görür gibi oluyorum. Bir sokakta arkana bakmadan telaşlı adımlarla yürüyorsun. Bense bir kapı önünde bitkin ve perişan seni seyrediyorum. Sen gidiyorsun, güneş batıyor. Öyleyse aranızda hiçbir fark yok. Yarın sen geleceksin ve güneş doğacak.

Koyu, kopkoyu bir mavilik sarıyor gökyüzünü. Uzaklarda, çok uzaklarda ışıkları bu mavi duvarı aşan bir tek yıldız var. Öteki yıldızları çıplak gözle görmek mümkün değil. Fakat o bir tek yıldız bütün mesafelere ve karanlıklara meydan okurcasına parlayıp duruyor. O yıldıza senin adını takıyorum. Sen de bütün insanların hafızamdan silindiği bir anda o yıldız gibi tek başına, dünyama ışık vermeye devam ediyorsun. Zaman duvarını aşan senin varlığın sadece. Gözlerimi o yıldıza dikiyor ve ellerimi gökyüzüne uzatarak bütün gücümle bağırıyorum: "Hep orada kal! Çirkin ve yalan dünyamıza inme. Yalnız ışıklarını gönder bize, yeter. Ne olur orda kal, hep orada kal!"

Gece bitmek üzere. Karanlık yavaş yavaş bir sis gibi dağılıyor. Doğuda belli belirsiz ışıktan bir el açıyor perdeleri. Sanki açılan muhteşem bir sahnenin perdeleridir ve dünya yeni bir oyuna hazır, bekliyor. Biraz sonra oyuncular birer birer sahneye çıkmaya başlayacak. Yine aynı köşe kapmaca, aynı yalanlar, aynı oyun. Ve sonra o büyük sahneye sen çıkacaksın. Bir alkış tufanı saracak dünyayı. Öteki oyuncuların hepsi silinecek gözlerimizde. Seni daha yakından görebilmek ve sesini daha iyi duyabilmek için biraz daha yaklaşacağım sahneye. Ve sonra elimdeki çiçekleri sana vermek için kapında bekleyeceğim. Derken o günkü oyun da bitecek, gece olacak yine ve sen gideceksin. Bense karanlığa ve yalnızlığıma döneceğim.

VIII

Seni arıyorum. Kutuplara yakın bir yerde olmalıyım. Kar, tipi halinde durmadan üstüme yağıyor. Rüzgâr görünmeyen bir jilet gibi parçalıyor yüzümü. Yoruldum artık, üşüyorum, belki de donmak üzereyim. Uzaklarda buzdan bir tepe görüyorum. Ya sen oradaysan? Öyleyse ne pahasına olursa olsun yürümeliyim. Ayaklarım irademe isyan etse de sana varmaya çalışacağım. Sürünmekten parçalanmış dizlerimle geleceğim kapına. Dur gitme. Ne olursun bekle beni. Seni arıyorum ve er geç bulacağım. Mutluyum, seni aradığım için. Güçlüyüm, seni bulacağıma inanıyorum. İşte! Oraya da geldim. Fakat yine sen yoksun... Kim bilir belki de usandın kutuplardan. Hindistan'da veya Afrika'nın bir yerindesin.

Seni arıyorum. İnsan ayağı değmemiş ormanlara düştüm. Gece ve korku bir çığlık gibi kulaklarımda. Uzaktan, yakından bilmediğim sesler geliyor. Garip bir senfoni dinliyorum sanki. Sonra birdenbire orman bitiyor, karşımda bir yerli köyü. Yaklaştıkça bunun terk edilmiş bir köy olduğunu anlıyorum. Sararmış sazdan kulübeler, susmuş tamtamlar ve insan kemikleri, kafatasları. Bütün kulübeleri bir bir geziyorum, sen yine yoksun. Üstelik senden bir iz de yok. Yola çıkalı ne kadar zaman oldu bilmiyorum. Değil günleri, ayları; yılları bile unuttum, anlıyor musun? Zaman, yalnız ve yalnız seni aradığım için değerli bence. Ve bir gün seni bulmak ümidi, çektiğim bütün acılara değer.

Seni arıyorum. Gözlerimin önünde alabildiğine bir kum denizi, tepemde kızgın bir güneş. Açlıktan gözlerim görmüyor artık ve dudaklarım çatladı susuzluktan. Yine de ölümü hiç düşündüğüm yok. Çünkü seni bulmadan ölmeyeceğimi biliyorum. Yıllardır insanüstü bir güçle seni arayabilmem bu inancımı tamamlıyor. Bütün bu çöller, o ormanlar, o ırmaklar, o denizler; oralarda seni aramam için yaratıldı. O mesafeler olmasa sen bu kadar büyük olamazdın. Senin eşsizliğine bu kadar inanamazdım şu zaman olmasa. Oysa şimdi ilerleyen bir zamanın ve gitgide büyüyen mesafelerin ortasında öyle güzelsin, öyle büyüksün, anlatılmaz.

Seni arıyorum ve ne çare bir gün seni bulacağım. Şimdi istediğin yere git artık. Kaç, saklan. Seni ne kadar geç bulursam, mutluluğum o kadar uzun sürecek. Ne kadar çok ararsam seni, o kadar çok seveceğim.

IX

Bir yol var bildiğim; sonsuzluğa giden. Senden geçiyor. Bir ışık var, gördüğüm; aydınlatan geceyi. Senden geliyor. Bir ses var duyduğum; bütün çaresizliklere meydan okuyan. Senden yükseliyor. Sende bütün güzellikler. Bütün iyilikler senden başlıyor. Senin olduğun yerde çirkinliğe, karanlığa, kötülüğe yer yok. Hangi kapıdan içeri girersen, orada keder kalmaz. Varlığın, düzenler yaşamamızı. Sensizlik bir çeşit anlamsızlıktır ki, o zaman duygu ve düşünce terk eder insanı. Olmadığın yerde kuru otlar vardır sadece. Sönmüş yanardağları vardır, yanmış ormanlar, kurumuş denizler vardır. Can seninle gider. Seninle birlikte kan çekilir damarlardan. Göz görmez olur, kulak duymaz olur. Bazen ışık, bazen renktir varlığın. Gün olur; mısra mısra dökülürsün kalemden. Gün olur; perde perde yükselirsin şarkılarda. Seni özlemek susuzluğa benzer ve seni sevmek ta kendisidir inanmışlığın.

Bir dünya var üzerinde yaşadığım; seninle dopdolu. Bildiğim bir şehir var; bütün sokakları senin adını taşır. Bir senfoni var, durmadan kulaklarımda çınlayan; her notasında senin izlerin, senin hatıran. Okuduğum kitapların her satırında sen varsın. Herhangi bir güzellik karşısında seni düşünmeden edemem. Yağmurlu bir gün ıslak anılar getirir geçmiş günlerden. Dudakların aklıma geldikçe; öpüşlerinle yanar dudaklarım, hazdan mest olur. Bakışlarını düşünmek yeter çevremdeki sislerin dağılmasına. Sen oradaysan bir mabettir meyhane bile. İçkilere varlığının tadı ve kokusu sinmiştir, kanılmaz bir türlü. Verdiğin sarhoşluk, ermişlerin kendinden geçmesine benzer ancak. Oturduğun yer; sen gidince orada bir ayin yapılmışçasına kutsallaşır. Huzur ve sükûn gölgendir senin. Seninle gelir, seninle gider. Sevinç; gülüşündür ve yalnız ellerinin değdiği yerdedir esenlik.

Bir korku var içimde, atamadığım. Bir gün seni düşünememek korkusu. Seni ansızın unutuvermek kim bilir ne korkunç bir şey olurdu. O zaman acaba bir manası kalır mıydı yaşamanın? O zaman kimi özler, kimi beklerdim? Senin için yaşamak ve yine bir gün senin için ölmek varken, kim bilir nasıl bir ölüm olurdu sensizlik? Şimdi, sabahları gözlerimi açar açmaz ilk işim seni düşünmek oluyor. Her yerini ayrı ayrı hatırlıyor, özlüyorum. Birlikte geçen her günümüz bütün dakikalarıyla tekrar tekrar geçiyor aklımdan. İlk tanıştığımız günden, son buluştuğumuz güne kadar her şeyi, evet her şeyi bir bir hatırlıyorum. Güzelliğin bir şiir gibi yerleşmiş hafızama. Her gün birkaç kere okumadan edemiyorum artık. Seni kelime kelime anıyor, mısra mısra yaşıyorum yeniden. Düşün, sensizliğe bile razıyım. Seni düşünmek olsun da... Seni özlemek olsun da...

X

Korkunun olduğu yerde aşk yok. Cesarettir sevmek. Düzenlere, oyunlara, kötülüklere meydan okumaktır. Sevmek; uzaklaşmaktır yalandan, bencilliği hiçe saymaktır. Bir başka açıdan da inanmaktır sevmek. Gerçekten inanmaktır, tüm inanmaktır. İnsan sevince; sevdiğine bütün varlığı ile teslim olamamışsa, yeteri derecede sevmemiş demektir. Ve ona kayıtsız şartsız inanmıyorsa, sevgiden bahsetmeye bile hakkı yoktur. Kıskançlık inancımızın bütünlüğü ölçüsünde besler aşkı. Şüpheyse öldürür. Şüphenin olduğu yerde, inancın yeri olmaz. Sevgiden bahsedilemez orada. Kıskançlıksa; kutsal bir duadır, dudağında sevenlerin. Sevmek; var olmaktır bir bakıma, derinden bakılınca yokluğa benzer. Sevmek; bütünlenmektir. Çok seven eksildiğini zanneder, oysa artmaktır sevmek, çoğalmaktır. Çevrenin gözlerimizden silinmesi, önce bir eksilme hissi verir insana. Fakat o her şeyimizi varlığı ile doldurdukça arttığımızı anlarız. O bir tek kazanç, bütün kayıplarımızı karşılar. Bir an gelir; her şeyi onunla değerlendirmeye başlarız. O bugün mutluysa yaşamak güzeldir. Kabımıza sığmayız. Şarkılar söylemek gelir içimizden. O kederliyse, gözlerimizde her şey kederdir artık. Bütün güzellikler bir bir yitirir anlamlarını. O anlarda ölümü düşünür de, yine ölmeyiz kurtulmamak için. Yanmaktır, tutuşmaktır sevmek ve yaşadıkça hiç sönmemektir.

Dinle, sana sevmenin ne olmadığını söyleyeceğim önce. Ne olduğunu sen sonra anlayacaksın. Dinle. Sevmek alışveriş değildir. Geometri değildir, aritmetik değildir. En değerli şeydir belki, ama karşılığında hiçbir şey alınamaz. Karşılıksız bir çeke atılmış, kuru bir imza değildir sevmek. İskambil kâğıdı değildir, zar değildir, bir dilim ekmek değildir, bir kadeh içki değildir, hesap pusulası değildir sevmek. Sevginin bedeli yine sevgiyle ödenir, altınla değil. Sevilmekse; sevmenin mükâfatıdır ancak, karşılığı değil. Bir sevgiye eş bir başka sevgi olamaz. Çünkü her sevgi birbirinden büyüktür. Sevgi tartılamaz, sevgi ölçülemez. Sevgi; gram değildir, mesafe değildir. Derinlik sanırsınız, yüksekliktir o. Sevgi; dudak değildir, göz değildir, saç değildir. Sandalye değildir sevgi, yatak değildir, çarşaf değildir. İçki değildir, içemezsiniz, fakat her şeyden güzeldir sarhoşluğu. Geçip karşısına seyredemezsiniz, manzara değildir, tablo değildir, heykel değildir. Okuyamazsınız, kitap değildir. Bilmece değildir, çözemezsiniz. İsteseniz de içinizden atamazsınız, kan değildir, kesip damarınızı akıtamazsınız. Siz ağladıkça o güçlenir içinizde. Akmaz, gözyaşı değildir. Kuş değildir uçmaz, çiçek değildir koklanmaz. Bitmez, çile değildir. Ne desen o değildir sevmek.

Sevgiyi tarif etmeye kalksam, seni anlatırdım.

XI

Kendi içime eğildim bugün; yine seni buldum. Anladım ki, bana senden kurtuluş yok yaşadıkça. Ölmekse; kesin bir çare değil artık. O son çıkmaza düşmek için mi yaşadık bunca yıl? Yoksa, bütün çektiklerimiz bizi o yokluğa mı hazırladı? İstersen bir an için öldüğümü düşün... Ne değişecekti? Herkesin senin için öldüğümü düşünmeleri ne katacaktı sana? Daha mutlu mu olacaktın? Ömrün mü artacaktı? Yaşayanların bir mezar başında söyledikleri yalanlar yetmedi mi? Görüyorsun, her gün birçok ölünün hatırası nasıl kirletiliyor. Nasıl mezarı başında ağlayanlar, birkaç gün sonra onun değersizliğini uluorta söylemekten çekinmiyorlar. Ben artık o "hiç unutmam" diyenlerin herkesten önce unuttuklarını biliyorum. Öğrendim nice sevgilerin, dostlukların nasıl birer büyük yalan olduğunu. Yaşarken hiç gelemesen de seni beklemek var. Yaşarken, ölesiye sevmek var seni, çıldırasıya düşünmek var. Hükmedilmeyen bir zaman var ve o zamanı seninle değerlendirmek var yaşarken. Sonra bilsen o zamanın içinde neler var? Keder mi istiyorsun? Alabildiğine... Sevgi mi istiyorsun? Duyabildiğine... Yaşarken ne istedik de bulmadık? Takvimden düşen her yaprak, bize her şeyin aslında boş olduğunu öğretmedi mi? Nice hazzı bir bir tatmadık mı? Gün gün her çaresizliğe meydan okumadık mı? Kalabalıkta yitirdiğimizi yalnızlığın tam ortasında bulmadık mı? Çekmediğimiz acı mı kaldı? Duymadığımız sevinç mi? Gün oldu merhamet ve teselli bekledik sağır göklerden. Gün oldu aynı şeyleri bizden bekleyenlere kederden başka bir şey veremedik.

Şimdi ölümü düşünüyorum da soğuk bir ürperti sarıyor bütün vücudumu. Yaşamak çilesinden kurtulmayı aklım almıyor. Her şeyin bir gün sadece hiç oluvereceğini düşünmek bile dayanılır şey değil. Yaşadıkça senden kurtulamayacağımı biliyorum, fakat belki de gerçek yaşamak bu. Ölümle hayat arasındaki tek fark senin varlığın belki de. Sen olmasan böylesine sarılabilir miydim yaşamaya? Ölümden kaçabilir miydim? Her yeni güne umutla başlıyorsam, senden bir şeyler bulurum diyedir. Her sabah o gün seninle olacağımı düşünerek çıkarım evden. Ve her gece ne kadar karanlık olursa olsun senin için yaşanmaya değer.

Sen yaşadıkça ölümü düşünmeyeceğim, inan ölmeyeceğim. Yaşaman yaşamamı gerektiriyor. Seni sevdikten sonra, ölüm kurtuluş değilmiş. Anladım.

XII

İşte ayrılık saati geldi. Bir akşamüzeri gittin bir daha gelmemek üzere... Ellerimi aldın, dudaklarına götürdün; hâlâ sızlıyor gözyaşlarının değdiği yerler. Oysa hiç istemiyordum gitmeni, hep benimle kalacağına öylesine inanmıştım ki! Geçici ayrılıklarına ne kadar uzun olsa katlanıyordum. Çünkü; yine sana kavuşmak ümidi vardı içimde. Şimdi bomboşum, her şey anlamını yitirdi gözlerimde. Biliyorum, artık hiç gelmeyeceksin. Seni beklediğim öğle sonları bir gece yarısının zifir karanlığına gömülecek. Koridorlar boşuna bekleyecek ayak sesini. Daha düne kadar "yaşamak" diyordum, "senin için yaşamak..." Nasıl, nasıl inanıyordum sana bilemezsin. Beni yaşama gücünün en yüksek noktasına çıkarmıştın. Yalansız bir sevgiydi verdiğin. Öyle güzeldi ki! Beni durmadan sevmeni istiyordum. Belki yine seveceksin, daha çok seveceksin. Fakat ben çıkardığın noktanın çok uzağındayım şimdi. Boşluğa bırakılmış bir cisim gibi sıfıra doğru yaklaşıyorum. Yere çarpıp parçalandığım anda; anlayacaksın verdiğin acının dayanılmazlığını. Araladığın varlıkla yokluk arasındaki o perdeden muhteşem bir son seyredeceksin. Yaşamasız ve ölümsüz bir son olacak bu!

Gitme diyemedim sana, demeyeceğim de... Beni sevmek hakkını tanıdığım ilk kadına "gitme" diyemem, anlıyor musun? Çünkü kalacağına inanıyordum, dedim ya sana inanıyordum. Ayrılığı gerektiren sebeplerin tartışması yapılamaz bence. Sevmek istemektir. İstemekse kalmaktır bir bakıma. Sevsen isterdin beni, istesen kalırdın, hiç gitmezdin. Her çaresizliğe karşı durabilirdim seninle, her şeye meydan okuyabilirdim. Sevgin gücümdü, sevgimin acın olduğu kadar. Seninle paylaşmak vardı kederleri, hazları bölüşmek vardı. Seninle yaşamak vardı kıyasıya ve sevişmek vardı doludizgin. Hepsi bir anda yok oldu görüyor musun? Kestiğin yerden kan akmayacak mı sanmıştın yoksa? Beni yapayalnız koyup gittiğin yer bir kan denizi şimdi.

"Senden" diyordum. "Seninle" diyordum. "Senin için" diyordum. Şimdi sensizim. Seninle olmamın haksızlığını öğrettin bana. Artık senin için yazamam bile.

Bana kendi idam hükmümü imzalattığın kalemi kırıyorum.

MİHRİBAN'A MEKTUPLAR

YAĞMUR ALTINDA

Ne zaman yağmur yağsa ben hep böyle oluyorum. Bir küskünlük, bir bezginlik sarıyor içimi. Yağmur damlalarının toprakta kayboluşu bana insanoğlunun çaresizliğini hatırlatıyor durmadan. Hepimiz birer yağmur tanesinden başka neyiz ki? Önce bir buğu halinde topraktan yükseliyor, sonra bir küçük damla olarak yine toprağa dönüyoruz.

Yağmur altında yürüyorum. Eski ceketim ne kadar da ıslanmış, gitgide ağırlaşıyor omuzlarımda, içimde garip bir ürperti var. Fakat üşümek değil bu. Rıhtıma kocaman kocaman gemiler yanaşmış. Beyaz, bembeyaz gemiler... Onlardan birine binip gitmek geliyor içimden; uzaklara, çok uzaklara. Adımlarımı sıklaştırıyorum. İçimi çılgınca bir arzu kaplıyor.

Gitmek! Evet gitmek! Fakat nereye? Kendimden, bir başka anlamda senden kaçabilecek miyim?

Yağmur daha da hızlanıyor. Damlaların vurduğu yerde bir acı hissetmeye başlıyorum. Sanki yüzlerce jilet yüzümü parçalıyor. Gemiler bomboş yağmur altında, rıhtım bomboş, iskeleler bomboş. Görünürde kimseler yok. Sadece küçük, sıska bir köpek halatların arasına büzülmüş titriyor. Öylesine yalnız ve zavallı ki! Küçük kahverengi gözlerini öpmek geliyor içimden. Fakat o benim yaklaştığımı görünce ürkek, telaşlı adımlarla kaçmaya başlıyor. Kim bilir kaç kere aldanmış, kaç kere bir okşayış yerine bir küfür, bir tekme bulmuş? Ben de şimdi bu köpek kadar yalnızım. Fakat kaçamıyorum. Bir köpek olmadığım için...

Bu yağmur dinsin artık. Gökyüzünün bu kirli rengi dokunuyor bana. Oysa Tanrı'nın mavi gözleri her zaman daha güzel, daha parlak olmalı. Bu kirli gri, onun gözlerinin rengi değil. O değil bu alacakaranlık. Ona büyüklük kadar aydınlık yaraşır.

Bu yağmur dinsin artık. Mademki en büyük o; bize gözyaşlarını değil, sabır göndersin verdiği ömre dayanabilmek için. Engin şefkatini göndersin bize. Bir günlük saadet, bir anlık huzur göndersin, yeter. O ağlamasın bizim için. Bizim ona ağladıklarımız yetmiyor mu?

Kimim? Nerden geldim ben? Nereye gidiyorum? Hafızam birdenbire çok uzun yıllar öncesine iniyor, soğuk bir kış gecesini hatırlıyorum. İlk defa üşüdüğüm, ilk defa aç kaldığım geceyi... Çocuk kalbimin o ilk isyanı, ilk incinmişliği hâlâ sımsıcak bir yara gibi içimde. İnsan aç olursa uykusu gelmiyor, hele aç bir çocuk olursa... Pastayı çok severdim küçüklüğümde. Aç kaldığım gece hep pastalar geldi aklıma, pastacı dükkânları geldi. Elimde olsa bütün pastacı dükkânlarının çocuklara bedava olmasını sağlardım.

Şu gemi bir gün kalkacak bu rıhtımdan ve bilmem kaç milyonuncu defa dünyanın yuvarlak olduğunu ispat edecek. Yuvarlak bir dünyada yuvarlak hesaplar, yuvarlak kelimeler, yuvarlak rakamlar, insanlar, yalanlar, zulümler ve savaşlar. Her şey dünya yuvarlak olduğu için. Yuvarlakların ve noktaların dünyası bu. Biz de birer nokta değil miyiz seninle? Denize düşen birer yağmur tanesi değil miyiz?

Söylesene kimim ben, neyim? Telleri kopmuş bir çalgıdan ne farkım var? Hadi uğraş bakalım, benden bir ses çıkarmaya çalış, parmakların kanayıncaya kadar, gözlerin yoruluncaya kadar. Fakat sen de bir gün usanıp taşlara vurma beni, bir kere de sen kırma. Her şeyi bir bir anlatacağım sana. Dinle ne olur! Bütün kalbinle dinle. Sana kirlerimden, utançlarımdan, yalanlarımdan soyunup geliyorum işte. Bu yağmur bütün kötülüklerimi yıkadı. Seni bu bomboş rıhtımda yeniden buldum. İşte köhne sandalımla sana yanaşıyorum. Bana kim olduğumu sen öğret. Bu yağmur dinecek er geç. Islak kaldırımlarda adını tekrarlayarak yürüyeceğim, her geçene seni soracağım. Beni deli sanacaklar, tuhaf tuhaf bakacaklar yüzüme. Seni arayışımın nedenini kimse anlamayacak. Bilmiyorlar ki ben sensiz yapamam. Bulduğum tek şeysin yeryüzünde. Güzel olan, iyi olan, eşsiz olan tek şeysin. Hani bazen durup dururken ansızın bir sevinç sarar ya içimizi; derinden çok derinden bir an için de olsa yaşadığımıza memnun olur, yarına umutla bakarız ya! O an bize bütün kötülükleri, acıları unutturuverir. Kendimizi bir çocuk kadar kaygılardan uzak hissederiz. İşte sen o ansın benim için. En güçlü, en mutlu olduğum ansın. En harikulade ansın anlıyor musun? Zaman zaman senden uzaklaşmak isteyişimin boşuna olduğunu biliyorum. Artık kendimden bile kaçabilirim. Fakat senden asla! Sen hükmedemediğim kaderimsin benim, silemediğim alınyazımsın.

Gel, bu yağmur altında seninle yürüyelim. Rıhtımın yağmur altında küflü demir kokan havasını birlikte koklayalım. Gel, şu gemilerden birine seninle beraber çıkalım. Bilmediğimiz uzak ülkelere gidelim seninle. Gel, her dakikada bir yıl yaşatayım sana. Her gününe bir ömrün yoğunluğunu vereyim. Damarlarımda dolaş, nabzımda vur, kalbime yeni bir canlılık ver varlığından. Bak! Yağmur altında serçeler nasıl da ıslanmış. Nasıl birbirlerine sokulmuş titreşiyorlar bak! Şimdi bir serçe kadar yalnızım işte. Kolum kanadım kırık senden uzakta.

Bu yağmur dinsin artık. Sana bir yıl değil, bir ömür değil, yepyeni bir çağ getireceğim. Bu çağda bütün yılları yarışırcasına yaşayacağız seninle. Köhne tarih bu çağla bitecek. Zaman bu çağla anlayacak değersizliğini.

Sana uzun uzun olayları, kişileri anlatmayacağım. Sana sensiz geçen bir geçmişin kuru ve manasız anılarından söz etmeyeceğim. Bu bir roman olacaksa yarının, yarınların, yarınımızın romanı olacak. Gerçeklerin üzerinde bir gerçek getiriyorum sana hayal dünyamdan. Sonsuzluğu bir kadehe doldurdum içesin diye. Sigaranı ölümsüzlük ateşiyle yakıyorum.

Şimdi ellerimin arasından bir nehir akıyor. Fırtınalar kopuyor gözlerimde. Amansız, büyük dalgalar içindeyim. Dört yanımda vahşi rüzgârlar uğulduyor. Görmüyor musun dilim dilim olmuşum, kanlar içindeyim. Aradığımı buldum artık. Susuzluğumu dindirecek çeşmenin yanı başındayım.

Ve yağan yağmur değil aslında. Islanan sokaklar, kuşlar değil. Bildiğin yağmur değil bu. Güzelliğinin yağmuru altında yürüyorum günlerdir. Bu liman senin limanın, bu gemiler gözlerin senin.

Toprağıma yağan yağmurlarınla yeşereceğim ben. Çiçeklerim senin yağmurlarınla açacak, otlarım onunla büyüyecek, ağaçlarım senin yağmurlarınla meydan okuyacak göklere.

Haydi yağ! Dilediğin kadar yağ artık! Kuruyan topraklarımın sana olan özlemini dindir. Bir sel gibi taş dudaklarımdan satır satır. Yaşadıkça güzelliğinin yağmurundan mahrum etme beni. Öldükten sonra da toprağıma yağ ki, öldüğümü hiç bilmeyeyim.

GÜZELLİĞİN ANLAMI

Ben nice çirkinler gördüm, bilemezsin. Bir kardeşim ölmüştü küçükken. Aramızda birkaç yaş vardı. Minicik vücudunun bir tahta kutuya konduğunu gördüm. Sonra toprakta yeni açılmış bir çukura gömdüler o kutuyu. Bir yığın sorularla doldu küçük başım. Çocuk ruhumun derinlerinde bir isyan filizlendi. Ölümün çirkinliğini ilk anladığım gündü o. İrademiz dışında geldiğimiz bir dünyadan böyle apansız gidivermenin ne kadar gülünç olduğunu düşündüm bir zaman. Ben mahallenin tozlu sokaklarında çember çevirirken, artık o yoktu. Merhametsiz bir kader alıp götürmüştü onu. Hepimiz küçük vücudunu yavaş yavaş çürümeye bırakmıştık. Günler geçtikçe onun çirkin ve iğrenç yalnızlığını daha iyi anlamaya başladım. Bir başka çirkinlik de bizim ölüm karşısındaki zavallılığımızdı. Sonra yıllar geçti aradan... Hiçbir ölüm, bana ölümün çirkinliğini unutturamadı. Şimdi ne zaman bir cenaze görsem; dünyadan bir güzellik daha eksildi, diye düşünürüm. O kadar güzeldi kardeşim. Onu adice, onu kahpece bıraktık toprağa. Daha güzel olabileceği bir dünyadan onu mahrum etti o çirkin ölüm. Ve bizler hiç utanmadık zavallılığımızdan...

Büyüdükçe ölüm kadar çirkin başka şeyler de görmeye başladım çevremde. Önce parayı tanıdım. Parasız aç bile kalınabileceğini öğrendim. Parayı kazanmak için sarf edilen emeğe nice şerefsizliklerin karıştığını gördüm. Kirli eller, daha kirli bir elin kölesi oluyor, onun bayağılıklarını alkışlıyordu. Hırsızlıklar para içindi. Yalanlar, ikiyüzlülükler para içindi. Bir kadın etini satıyordu para için. Kadınlık, daha önemlisi insanlık gururu ayaklar altında çiğneniyor, insanoğlu kasap dükkânlarının çirkinliğine imrenmişçesine, kendi gururunu da çengele asıp bir alıcı bekliyordu. İnsan etinin iğrenç alışverişini sevmedim hiçbir zaman.

Sonra insan yüzünün menfaatler karşısında ne kadar çirkinleşebildiğini gördüm. En dost bildiğimiz kişilerin kendi çıkarlarına olmayan bir tutum, bir olay karşısında dostluklarından nasıl soyunduklarını gördüm. Nice büyük sandığımız sevgilerin bitpazarlarına düşüşünü gördüm. Nice çirkin yüzler gördüm en güzel yüzlerin altında. Düşün ki Mihriban! Ben senin göremediğin çirkinliklerimi gördüm. Her şeyin bir fiyatı var dünyada. Bedeli ödendikten sonra satın alınamayacak şey o kadar az ki! Her eşyayı, her kişiyi, her duyguyu dikkatle incelersen bir yerinde mutlaka fiyatının yazılı olduğunu göreceksin. Yalnız boşuna bakma aynalara, bir senin fiyatın yok ve bir senin bedelin ödenemez dünyada.

Güzellik bu işte! Fiyatı olmayan şey, satın alınamayan şey: Bir güneşin doğuşu, yıldızlı bir gökyüzü, bir ormanın sessizliği, fırtınalı bir denizin uğultusu hep satın alınamayan şeyler bunlar. Güzellikler karşısındaki hayranlığımız bize çirkinliğimizi unutturuyor çoğu zaman. Güzellik bizi kendi aydınlığıyla yıkıyor. Onun eşsiz parıltıları altında biraz olsun güzelleşiyor, ona benzemeye çalışıyoruz. Güzellik; gem vuramadığımız, o vahşi at! Güzellik; parçalanamayan şey. Güzellik; hapsedemediğimiz varlık!

Bir senfoni dinlerken kimse çirkin olamaz. Anlamasa bile, sevmese bile. Sanatın güzelliği, bizim çirkinliğimizden güçlü her zaman. Asıl büyük güzellikse aşk! Tabiat aşkı olmasa tabiat bize güzelliğini duyuramazdı. Tanrı aşkı olmasa Tanrı da olmazdı inan. İçinde sanatın o engin aşkı olmayan bir Beethoven, bir Schumann, bir Sibelius gelmeseydi dünyaya senin güzelliğini bilemezdik. Bir Michelangelo, bir Rodin öğretti bize mermerin ihtişamını. Renkler bir Rembrandt'la, bir Goya'yla, bir Van Gogh'la kavuştu ölümsüzlüğe.

Sen de içimde aşkın ateşini yaktığın için bu kadar güzelsin. Ve ben senin güzelliğini bildiğim için en mutlusuyum insanların, en bahtlısıyım. Aşk olmasa güzellik de olmazdı. Ne güzel olmayan bir aşk gördüm, ne aşkın olmadığı bir güzellik.

Güzellik bir bütündür, bölünmez. En güzel tabloyu bin parçaya bölsek, yine bölmüş sayılmayız. Her parçası ayrı ayrı güzelse. Sen de öylesin bir bakıma. Her yerini ayrı ayrı sevmekle, sana bir bütün olarak tapmak arasında hiçbir fark yok. Tutsam gözlerin desem. Günün her saatinde gözbebeklerinin aldığı eşsiz renkleri anlatmaya kalksam. Bakışlarının, dudaklarından çıkan kelimeye uygun bir anlam taşıdığını söylesem. Çoğu zaman kirpiklerinin arasında bir güneşin doğuşunu seyrettiğimi, gözlerine baktıkça ilahi bir musikiyi duyar gibi olduğumu, bakışlarının bir şiircesine beni mest ettiğini bir kere, bin kere, bir milyon kere daha haykırsam; ne çıkar Mihriban? Sen yalnız göz değilsin ki! Tutsam dudakların desem; dudaklarının hiçbir dudağa nasip olmayan tadını söylesem, öpüşlerinin kanılmazlığını anlatsam ve seni her görüşümde yeniden bir kere daha dünyaya geldiğimi bir kere, bin kere, bir milyon kere tekrarlasam; ne çıkar Mihriban? Sen yalnız dudak değilsin ki! Tutsam tenin desem; teninin kokusunu versem çiçeklere. Tutsam ellerin desem; ellerinin saçlarımı okşayışındaki şefkati versem bütün hastalara, yoksullara, öksüz çocuklara, bütün bedbaht insanlara. İnan o zaman çiçekler daha güzel, insanlar daha mutlu olurdu Mihriban.

Senin güzelliğinin anlamı, bütün güzellikleri anlamsız kılıyor artık.

ALIŞMAK KORKUSU

Gitgide alışıyorum sana. Hiçbir alışkanlık bu kadar güzel olamaz. Ellerin ellerimden uzaksa, nasıl güçsüzüm, bilemezsin. Yanımda olduğun zamanlar, sigara dumanı gibi ciğerlerime doluyor, alkol gibi damarlarıma yayılıyorsun. Durmadan başım dönüyor verdiğin hazdan. Alışkanlıklar daima korkutur beni, düşün ki ben yaşamaya bile alışkın değilim. Kendimi kendime alıştıramadım yıllardır. Fakat şimdi sana alışıyorum. Alıştıkça özlemim artıyor, daha yoğunlaşıyor. Yalnız içimde garip bir korku var. Sana tüm alışmaktan değil. Seni kendime alıştırmaktan korkuyorum. Bir gün sana şimdi verdiklerimden daha güzelini, daha değerlisini verememekten korkuyorum. Bir gün ansızın ölmekten ve seni bana olan alışkanlığınla yapayalnız bırakmaktan korkuyorum. Oysaki her zaman ve günün her saatinde yanında olmalıyım senin. Bana alışmış olmaktan pişmanlık duyacağın bir dakikan bile olmamalı. Bütün zamanlarını zamanlarımla karıştırıp emsalsiz bir zaman bileşiminde yaşatmalıyım seni. Uykularda bile aynı rüyayı görmeliyiz. Her şeyin ve her zevkin yarısı senin olmalı, yarısı benim.

"Bana alış," demeyeceğim. Nasıl olsa alışacaksın bir gün. Şimdi çirkinliğimde güzellikler bulan gözlerin, o zaman en güzeli görecek bende. Alışkanlığınla, sevginle yeni bir ben yaratacaksın benden. İlk defa sevilmenin ürpertileri içindeyim inan. Sevgimle mukayese edebileceğim tek şeyi beni sevmende buldum. Ömrümde kimse bana sevilmenin gerekliliğini öğretemedi. Kimseden sevgisini istemedim, verdiler almadım. Bencildim bir zamanlar, sevmek benim hakkım, diyordum. Oysaki şimdi bir zamanlar hiç sevmemiş olduğumu kendi kendime biraz da utanarak itiraf ediyorum. Asıl büyük sevgiyi seni sevmekte buldum ve sevgim senin sevginle değerleniyor, ayrı bir anlam kazanıyor. Sevgin olmasaydı değersiz bir cam parçasıydım. Sevginle bir aynayım şimdi. Bana bakanlar baştan başa bir sen görecekler içimde.

Bir zincirin iki halkasıyız seninle anlıyor musun? Aynı kadehte karışmış iki içkiyiz. İki kelimeyiz seninle birbirini tamamlayan. Her yerde iki olduğumuz için bir bütün haline geliyoruz durmadan.

Alışkanlığım devamlı sana çekiyor beni. Durup durup dudaklarını öpmek geliyor içimden. Saçlarını okşamak geliyor, ellerini tutmak geliyor. Kokunun tenime sindiğini hissediyorum geceleri. Teninin dudaklarımda eridiğini hissediyorum. Boynunun en güzel yerini benden başka kimse bilemez artık. Seni kimse benim kadar benimle bir bütün olduğuna inandıramaz.

Gitgide bu alışkanlığın içinde kaybolduğumu hissediyorum. Beni yaşadığım zamanın dışına çıkarıyorsun. Bir gün tarih öncesinde yaşıyoruz, bir gün bulutların üstünde. Uzun süren bir baygınlık sonrasının o anlatılmaz başdönmesi içindeyim. Bütün merdivenler birbirine eklendiği zaman seninle vardığım yüksekliğe erişemez. Açılmış bütün kuyuların derinliği içimde seni bulduğum yer kadar derin değil.

Alışkanlık, kozasını ören bir ipekböceği gibi gitgide tamamlıyor bizi. Emsalsiz bir oluşun içinde yuvarlanıyoruz. Korkunç bir yangın başladı yüreklerimizde. Özlem, kıskançlık, arzu ne varsa içimizde hepsi birdenbire tutuştu. Alev almayan bir yerimiz kalmadı. Alevlerimiz muhteşem bir kızıllığın içinde yıldızlara kadar uzanıyor. Hiçbir su bu ateşi söndüremez artık. Nehirler, denizler boşalsa üstümüze hiç sönmeyeceğimizi biliyorum. Bu yangın biz birer kor yığını haline gelinceye kadar sürecek.

Önce bakışlarımız alıştı birbirine, sonra parmak uçlarımız. Bu oluş tamamlandığı anda yeryüzünde bizden güçlüsü olmayacak. En mutlu olduğumuz yerde en güçlü de olacağız seninle. Bu bir sonun değil, bir varoluşun başlangıcıdır. Geçmişteki bütün alışkanlıkların bana alışmanı önleyemez artık.

SENDEN ÖNCESİ

Düşünüyorum da; bir bakıma senden öncesi yok gibi bir şey. Çünkü senden önceki yıllar sana hazırladı beni. Senden önce tanıdığım kişiler, seni bulduğum zaman değerini daha iyi anlayabilmem için birer sebepten başka bir şey değillerdi. Sensiz anılarım seninle geçen bir günün anısı yanında o kadar kuru ve cılız ki! Uzun yıllar amansız bir oluşun içinde çalkandım durdum. Bir trendim; küçücük istasyonlardan geçtim, sonunda sana varmak için. Bir gemiydim; irili ufaklı limanlara uğradım, bir gün senin limanına gelmek için. Bir yoldum; nice insanlar çiğnedi beni. Şimdi ayaklarının temasındaki hazzı daha iyi anlıyorum. Bir kitaptım; beni okudular, fakat anlayan çıkmadı. Yıllarca seni bekledi sayfalarım, okuyasın diye. Yokluğunda bir kadehtim ben. Türlü içkilerle doldurup ağızlarına boşalttılar beni. Yere çarptılar kırılmadım, duvara vurdular parçalanmadım. Bir gün içime senin güzelliğinin dolacağını bildiğim için. Dudaklarının değdiği her yerde bir ölümsüzlük ateşinin yanacağına inandığım için. Gör, bir kadehin nasıl sarhoş olduğunu. Şimdi sarhoşum ben.

Kurşun askerler, bebekler, oyuncaklar vardı senden önce. Durup durup aldanmalar vardı, aldığını geri vermeyen aynalar vardı. Hep karanlığa açılan pencereler, ardında iğrenç yaratıkların yaşadığı büyük kapılar vardı. Şehirler gördüm: Sokaklarında bir toz bulutuydu yaşamak. Çarşılarında fazilet kiloyla satılır, namus metreyle alınırdı. Evlerinde yan yana yaşardı insanlarla hayvanlar. Sabahları yalan girerdi pencerelerinden ışık yerine. Akşamları pis bir koku gibi gelir, geceler bir hışım gibi çökerdi o şehirlerin üstüne. Her evde bir çocuk ağlardı ve her gün bir çocuk ölürdü sıtmadan. Gündüzleri erkekler kahvelerinde domino oynar, kadınlar bakraçla su taşırdı. Gece olunca yataklar utanırdı yataklığından, duvarların yüzü kızarırdı. Eller ve ayaklar bütün gece kirli bulaşıklar gibi yıkanmayı beklerdi.

Şehirler gördüm ben. Sefaletin utanç olmadığı şehirler gördüm. Bencilliklerin birer apartman gibi yükseldiği ve şereflerin çamurlara düştüğü şehirler gördüm. İnsanlar bir sel gibiydi caddelerinde. Hiç kimse ne aradığını bilmiyor, ne yaptığını anlamıyordu. Balolarda, şölenlerde kötü bir oyundu yaşamak. Kadınlar elmaslarıyla ölçüyorlardı güzelliklerini. Erkekler banka cüzdanlarıyla değerliydiler. Nice şehirler gördüm ben. Tiyatrolarında, sinemalarında aldanışlarımız, utançlarımız oynanırdı. Meyhanelerinde kirli ve renkli sulardı içilen. Mayileşmiş bir köhne zamandı. Çeşitli tuzaklarla doluydu her sokağı. Büyük arenalara benzeyen sokaklarında kan ve zulüm kokardı. Bir semtinde parfüm kokularıydı havaya karışan. Bir semti amonyak kokardı.

Ve nice insanlar gördüm ben Mihriban. Alışkın elleri kötülük etmeden duramazdı. Yalan söylemeden edemezdi dudakları. Gurur kötü dikilmiş bir elbiseydi üzerlerinde. Boş kovalar gibi ses verirlerdi dokunulduğu zaman.

Nice insanlar gördüm ben Mihriban. Bir yoksula en küçük bir iyiliği yapmaktan çekinen, fakat bir gecenin cömert bir saatinde on binleri, yüz binleri vahşi bir zevkle kaybeden insanlar gördüm. Yüzlerine taktıkları kendilerince güzel ve sevimli maskelerin altında her an biraz daha bayağılaşan insanlar gördüm. Din adamları aldatılacak bir kadın, ırzına geçilecek bir çocuk arıyordu mabetlerinde. Zenginlerine daha sömürülecek insanlar gerekti. Ben yüzü jiletle kesilmiş kötü adamlar gördüm ve her sabah yüzünü tıraş ettiği jilet kadar para etmeyen daha kötü adamlar gördüm Mihriban. En adi kıskançlıklar gördüm, kavgalar, zulümler, işkenceler, en ucuzundan kirli çamaşırlar, paçavralar, çamurlar, irinler, çirkefler gördüm.

Seni tanıyıncaya kadar dinlediğim çatlak sesli bir plaktı, berbat bir filmdi seyrettiğim. Seni görünceye kadar kötülükten yana ne varsa tanıdım, çirkinlikten yana ne varsa gördüm. Tut ki bir kum çölündeydim, kızgın bir güneşin altında susuzluktan çatladı dudaklarım. Şimdi senin dupduru kaynağına eğilip su içerken varlığının paha biçilmez değerini daha iyi anlıyorum. Yokluğunu bu kadar derinden tatmasaydım, varlığının eşsiz anlamına varamazdım.

Tut ki yıllarca süren bir geceydi senden öncesi. Güneşsiz, aysız, yıldızsız bir gökyüzüydü. Kupkuru bir eski deniz kalıntısıydı. Çekilmiş bir nehir yatağıydı. Senden önce bir gün seni bulmak ümidiydi beni yaşatan. Tohumun yeşermek için yağmuru, çiçeğin açmak için güneşi beklediği gibi bekledim seni. Nasıl bir nehir denize kavuşmak için uzak mesafelerden çağlaya çağlaya gelirse; işte ben de öyle geldim senin denizlerine. Senden öncesi uzun, uğultulu bir arayıştı, kudurmuş bir çalkantıydı. Yokluğun öyle bir uçurumdu ki, yeryüzündeki bütün uçurumları uç uca eklesek, yokluğunun yanında bir nokta gibi kalırdı. Bütün girdaplar bir araya gelse; varlığının derinliğine yaklaşamaz şimdi.

Senden önceki yıllardan sana kendimi getiriyorum. Yokluğunu tatmış, her yerde seni bir rüzgârcasına aramış vahşi, büyük bir nehircesine sana koşmuş bir ben var şimdi karşında. Arındım, bütün kötülüklerden sana geldim. Seni yarınlara götüreceğim, gel, yaşanmamış zamanlara, erişilmemiş hazlara götüreceğim seni. İnan ki ne senden öncesi vardı ne de benden öncesi.

Senden ve benden sonrası da olmayacak Mihriban.

KADER ÇİZGİSİ...

Kader çizgisinin bir dönemecinde rastladım sana. Hiç ummadığım bir anda karşıma çıkmıştın. Yorgun ve kararsız olduğun her halinden belliydi. Gözlerinde anlaşılmamanın hüznü vardı. Çevrendeki bütün kalabalığa rağmen yapayalnızdın. O güne dek iğreti bir hayattı yaşadığın. Etrafında dönüp duran kuklalar sana usanç vermeye başlamıştı. Bir zaman kendini akıp giden bir oyuna kaptırmış olmanın pişmanlığı içindeydin. Birtakım adamlar senden aslında verilmesi çok kolay olan bir şeyi istemişlerdi. Durmadan onların açlıklarını kamçılıyordu güzelliğin. Tek düşünceleri sana sahip olmaktı. Fakat hiçbiri bilmiyordu ki sen bir okyanustun. Senden alabildikleri şeylerin küçüklüğünü bilmeden sevmeye çalıştılar seni. Sahnede rolleri neyi gerektiriyorsa onu yaptılar, onu söylediler. Onlar için seyrine doyum olmayan bir komediydi bu. Hiçbiri sendeki dramın farkında olmadı. Kimi gün bir vazoydun onlar için, kimi gün bir demet çiçek. Bazıları da seni renkleri şahane, ötüşü emsalsiz olan bir kuş gibi görüyorlardı. Pırlanta bir kafeste yaşaman gerekliydi onlar için. Yıllar böylece geçti... İçindeki sonsuz çalkantılardan, ruhunun derinliklerinde kopan fırtınalardan kimsenin haberi olmadı. Fakat artık isyan başlamıştı yüreğinde. Kader çizgisinde sendeleyerek yürüyordun. Yıllardır oynadığın rol seni sıkmaya başlamıştı. Senin de korkuların, tutkuların, arzuların vardı. Varoluşunun sebebi elbette bu küçük oyun değildi. Sen bir okyanustun. Sevmen de sevilmen de okyanusça olmalıydı.

Bir gün apansız kader çizgilerimizin birleştiği yere geldik. Önceleri ürkek ve çekingendin. Hâlâ o manasız oyunun etkilerinden kurtulamamıştın. Hâlâ aynalarda uyuyor, aynalarda uyanıyordun. Ve sana bakan bütün gözler birer küçük aynaydı. Sahte ve yalan kişiler hâlâ seni de kendileri gibi olmaya zorluyorlardı. Denizimin ilk dalgaları okyanusunun dalgalarına karıştığı zaman; bu misli görülmemiş kavuşma sende heyecanlar yarattı. Bir süre apansız buluşuvermenin o ilk şaşkınlığı içinde bocaladın durdun. Oysa dalgalarımız çoktan birbirine karışmıştı. Çoktan birleşmişti kader çizgilerimiz. Artık aynı çizgi üzerinde yürüyecektik seninle. Çevremizdeki noktalar birer birer yok olmaya mahkûmdular. Varsın gemileri sularımızdan geçsin. Dilediğimiz anda hepsini bir anda kahredecek kadar güçlüyüz ya! Varsın kirli vücutları kıyılarımızda yıkansın. Seninle hepsini affedecek kadar iyiyiz ya! Hiçbir şey bizi ayıramaz artık. Buhar haline gelsek bile aşkımız gökyüzünde bulut bulut devam edecek ve yine bir gün yeryüzüne denizler gibi dönecek.

Şimdi hiçbir şey umurumda değil. Kendimi olduğu gibi sana bıraktım. Renklerimin renklerine karışmasından duyduğum hazzın emsalsiz sarhoşluğu içindeyim. Her gün biraz daha sen olmanın, sende olmanın yeryüzünde kimseye nasip olmamış mutluluğunu içiyorum yudum yudum. Beraberliğimiz ilahlara yakışan bir güzellikte devam ediyor. Aydınlığım aydınlığınla değerlendi, dalgalarım dalgalarınla güçlü. Sende kayboluyor ve senin de bende kaybolduğunu hissediyorum. Derinliklerimizde bir dünya çalkalanıyor.

Kader çizgim kader çizgini kesti Mihriban. Denizim okyanusuna karıştı. Hiçbir zaman bunca var olduğumu hatırlamıyorum.

ZAMANI AŞMAK SENİNLE

Bugün yine bir yalnızlık nöbeti tuttu beni. Başımı alıp yollara düştüm. Gördüğüm bütün insanların gözleri bana düşman gibi bakıyordu. Kendimi başka bir âlemden gelmiş, tuhaf bir yaratık gibi hissediyordum. Şehrin uzak mahallelerinden geçtim. Issız sokak aralarında dolaştım durdum. Uykuda gezen bir insan gibiydim. Derken bir ormanda buldum kendimi. Öyle büyük bir sessizliğin içindeydim ki! Ayaklarımın altında kırılan dalların sesinden başka bir ses duymadan yürüdüm yürüdüm. Yaklaşan bir sonbaharın hazin kokusunu doldurdum ciğerlerime. Ezik bir yaprağın haykırışlarını duydum. Ormanın içlerine doğru rüzgârın temasıyla ağaçların nasıl ağladıklarını işittim. Uzaklarda bir puhukuşu ötüyordu.

Sesi ağaçların hıçkırık sesine karıştığı zaman, garip bir musiki oluyor, görünmeyen tılsımlı çalgıların esrarlı şarkılarını dinletiyordu bana. Başımı döndüren bir güzelliğin ortasındaydım. Her yere bir afyon kokusu sinmişti sanki. Devrilmiş bir kütüğün üzerine oturdum, seni düşünmeye başladım. Ve ansızın bir korkuyla ürperdi içim. Birdenbire yanımda buldum seni. Çok yakınıma oturmuş, gülen gözlerinle bana bakıyordun. Elimi uzatsam kaybolacaktın sanki. Uzaklara meydan okurcasına, imkânsızlıkları hiçe sayarcasına gelmiştin işte! Her şeyinle yine sendin. Bir zaman korkudan bakamadım gözlerine. Sadece görmeden, duymadan, dokunmadan içtim varlığını. Sonra ağaçlardan sızan yapayalnız bir gün ışığında buluşuverdi gözlerimiz. Korkularım dağıldı, öyle gerçektin ki!.. Tabiatın o bakir güzelliği içinde bile emsalsiz ve şahaneydin. Bir süre hiç konuşmadan bakışlarımızın birbirine karışmasıyla mest olduk. Avuçlarım yanmaya başladı hazdan. Biraz ürkek, biraz arzulu uzandım ellerini tuttum. Ellerin üşümüştü. Dudaklarıma, sonra yanan alnıma götürdüm. Serin bir rüzgâr esmeye başladı. Yaklaştın, başını omuzlarıma koydun. Saçlarımın saçlarına olan özlemi dindi birden. Öyle yakındın ki! Kalbinin vuruşlarını duyuyordum, nefes alışını duyuyordum. Eğildim, yüzünden öpmek istedim, bir de baktım ki yoksun. Gelişin gibi gidişin de bir rüyaya benzedi. Bir sır gibi kayboluverdin. Sadece omuzlarımda simsiyah saçlarından bir-iki tel kaldı. Bir de havada kokun var. O çıldırtan, deli eden, o beni alıp en uzaklara götüren kokun...

Kalktım, yürümeye başladım. Bir an önce ormandan kurtulmak istiyordum. Orman büyülemişti beni. Ağaçların seyrekleştiği yerden uzaklarda bir deniz göründü. Bir akşam güneşinin ışıkları altın tozu gibi serpilmişti üzerime.

Koşarcasına yürüyordum. Ayaklarıma dikenler batıyordu. Bir an önce denize kavuşmaktı tek düşüncem. Bütün ağaçlar peşime düşmüştü, arkamdan bir orman kovalıyordu sanki.

Deniz kıyısına geldiğim zaman güneş ufukta ateşten bir top halindeydi. Her an bir parçası denizin sonsuz maviliklerinde kayboluyor, yavaş yavaş sönüyordu. Islak kumların üzerine oturdum. Denizin sürüklediği bir dal parçasıyla yere adını yazdım. Bir dalga geldi, giderken adının harflerini de birlikte götürdü. Tekrar tekrar yazdım ve dalgalar tekrar tekrar sildi adını. Sonra deniz bu oyundan usanmış olmalı ki mızıkçılık eden bir çocuk gibi hırçınlaşmaya başladı. Dalgalar artık üzerime kadar geliyor, beni ıslatıyordu. Birden kocaman bir dalga geldi üzerime doğru. Çekilirken, bir de baktım ki yine yanımda sen varsın. O büyük dalga kim bilir nerelerden seni getirmişti bana. Bu defa çırılçıplaktın. Vücudun güneşi içmişti sanki. Omuzların pırıl pırıldı. Her yerinden başka bir aydınlık taşıyordu. Biraz önce denizin üzerine serpilmiş altın tozlarından daha güzeldi tenindeki sarı tüyler. Mağrur ve eşsiz güzelliğinin batan güneşe, gitgide hırsından kuduran denize meydan okuyuşuna hayran oldum. Mermere şekil veren eller senin vücudunu tanısalardı; daha ölümsüz bir şey olurdu sanat. Dünyanın her şehrinde bir heykelin olmalıydı senin. Ve insanlar senin güzelliğini görüp çirkinliklerinden utanmalıydılar.

Uzun uzun seyrettim seni. Güneşin son ışıkları da bizi terk ettiği zaman mavi, ince bir tül gibi sardı vücudunu gece. Hâlâ gözlerim kamaşıyordu, hâlâ derin ürpertiler içindeydim. Topuklarından saçlarının ucuna kadar her yerini bin defa, yüz bin defa öpmek geliyordu içimden. Kalbimde bir sancı, başımda bir uğultu vardı tarifsiz. Bir sel gibi taşan, bütün bentleri yıkan uçsuz bucaksız arzularımı susturamıyordum artık. Yaklaştım, ayak bileklerini tuttuğum anda, yine kocaman bir dalga geldi üstümüze. Bir an gözlerimi yumdum. Açtığım zaman yine sen yoktun. O dalga seni almış, denizin içlerine doğru götürüyordu. Ardından koştum, yetişemedim. Başka dalgalar beni kıyıya doğru sürükledi. Yorgun başımı başka yönlere de çevirdiğim zaman, bir yanda güneşin, bir yanda ayın doğuşunu gördüm. Günler anlamını yitirdi. Takvimler ve saatler kahroldu utançlarından. Her yerde güzelliğinle mağlup ettiğin zaman, bir ölüden farksız şimdi.

Büyüksün, çok büyüksün, en büyüksün Mihriban. Görmüyor musun zamanı aştık seninle?

UZAK YALNIZLIK

İlk defa senin yanında yalnız değilim. Oysa her yerde, her zaman yalnız olmaya öylesine alışmıştım ki! Nereye gitsem, yalnızlığım benden önce gitmiş olurdu oraya. Gider gitmez onu bulurdum karşımda. Ne kıskanç bir yalnızlıktı o bilsen? Çevremdeki insanları bir yana iter, uzun ve soğuk ahtapot kollarıyla sarardı beni. İçki masalarında kadehimdi yalnızlık, yürüdüğüm yollarda gölgemdi. Kâh bir eski kokuydu tenime sinmiş, kâh bir şarkının kırık dökük satırlarıydı durup durup tekrarladığım. Ben ondan kaçmak istedikçe o bana biraz daha yaklaşırdı. Boğulur gibi olurdum çoğu zaman, nefes alamazdım. Hele gece oldu mu odamı doldurur, yastığıma benimle birlikte koyardı başını. Sabahları uyanınca onu daha önce kalkmış beni bekler bulurdum. Yeni bir günün akışında çeşitli sebeplerle karşılaştığım insanlar yalnızlığımı biraz daha koyulaştırmaktan öteye gidemezlerdi. Yalan akardı bütün insanların yüzlerinden, dudaklarından. İğreti selamlar, içten pazarlıklı hatır sormalar, sahte gülüşler yalnızlığımı büyüttükçe büyütür, beni karanlıklarının en koyusuna doğru iterdi. Günlerce gerçek bir dost yüzüne hasret kaldığım olurdu. Sevgili sandıklarım, dost bildiklerim aslında yalnızlığımın bölünmez birer parçasıydılar. Yalnızlığım onlarla tamamlanırdı, bense yalnızlığımla bütünlenirdim. Günler günleri, yıllar yılları kovaladı. Seni bulduğum zaman ilk defa yalnızlığımın beni terk ettiğini gördüm. Önceleri yadırgadım varlığını. Beni her yanımla anlayacak, sevecek bir insanın yanında, yakınında oluvermek şaşırttı beni. İçimi tarifsiz bir korku kapladı. Bir zaman beni apansız bırakıp gideceğini düşündüm. Gün oldu duyduğum yakınlık hissinin seni usandıracağından korkmaya başladım. Yorgundum, uzun yollardan, nice ezik yıllardan gelmiştim sana. Umutsuzdum, arayışlarım hep aynı yerde birleşiyordu: Aldanmak... Sende de aldanıp aldanmayacağımı bilemiyordum önceleri. İçimden bir ses, "O," diyordu, "işte o!" Bir gün geldi ki bütün korkularım, endişelerim de dağılıp gittiler. Artık yalnız değildim. Her şeyin üzerinde bir sen vardın şimdi. Sana gelinceye kadar tattığım bütün acıları, yoklukları, ikiyüzlülükleri, bütün aldanışları unutuverdim. İnsanoğlu mutluluğa ne kadar çabuk alışıveriyor? Yalnızlık dahil, bütün kötülükler uzak bir anı şimdi. Senden ayrı olduğum anlarda bile var olduğunu düşünmek, seni özlemek, seni beklemek yetiyor bana. Artık yalnız değilim. Çevremdeki insanların türlü davranışlarını daha hoş görüyle karşılayabiliyorum. Karanlıklar korkutmuyor beni, kötülükler umutsuzluğa düşürmüyor. Bir günün sonunda kendi içime eğildiğim zaman senin anlayışlı, sevgi dolu yüzünü görüyorum. Ellerin bütün dostlukların üzerinde beni yaşamaya çağırıyor.

Yalnızlığın sinsi bir mikrop gibi içimi kemirdiği günler o kadar uzakta kaldı ki... Korkulu bir rüyadan uyanmışçasına kendimi alabildiğine hür ve mutlu hissetmek bilsen ne kadar güzel! Sanki o çirkef günleri her ânıyla yaşayan ben değilim. O kötü film bitti artık. Gelişinle ışıklar yandı. Yepyeni bir zamanı yaşıyorum seninle. Yepyeni bir ömrü sürdürmeye başlıyorum. İnsanlar yine aynı insanlar biliyorum. Bu şehir aynı şehir. Yıl 1964... Mevsim yaz bitimi. Yine türlü bayağılıklarla çalkanıyor dünya. Yine şerefler ayaklar altında çiğneniyor, yine çarşılarda gramla satılıyor fazilet. Kişiler yine durmadan bir şey arıyor ve bu arayış içinde birbirlerine her türlü kötülüğü yapmadan edemiyorlar. Vıcık vıcık insanlar kaynıyor caddelerde.

Kötüler, iyiler bu pazarda aynı fiyatla alıcı bulabiliyorlar. Aklar gitgide yitiriyor aklığını ve karalar her zamankinden daha kara. Sadece ben eski yerimde değilim artık. Beni bulduğun yerde değilim. Elbisemi çamurlardan, içimi kötülüklerden temizledim. Sana ve senin engin sevgine layık olabilmenin çabası içindeyim. Geç de olsa, güç de olsa adım adım yaklaşıyorum sana.

Varsın dünya yine o eski rezil dünya olsun ne çıkar? Ben senin dünyanda bütün kötülüklerden ve yalnızlıktan uzağım şimdi. En yüksek tepelere çıktım var gücümle bağırıyorum: "Dünyanızın bütün nimetleri sizin olsun insanlar, benim dünyama el sürmeyin."

O dünyada yalnızlığın yeri olmayacak Mihriban.

AYNALARDA BİR KADIN

Aynaya bakınca gördüğüm kadını hiçbir zaman tanımadın sen. Tanımak istemedin. Daima birbirinize iki yabancı gibiydiniz. Oysaki, o kadın hiçbir zaman sadece güzel bir yüz, güzel bir ten değildi. Aynada gördüğün gözlerin derinliğine hiçbir zaman inmedin. İnmek istemedin ki! Herkesin "güzelsin" dediği kadın, kendini yıllarca güzelliğinin ağır çemberlerinden kurtaramadı. Hayalden ve gururdan bir köşke hapsetti kendini. Her şey ona güzelliğini tekrarlıyordu durmadan. Duvarlar, yerler, hatta yataklar, pencereler bile birer aynaydı orada. Kişiler birer aynaydı, renkler, sesler birer aynaydı en güzel yalanları söyleyen. Birbirinin benzeri günler akıp gidiyordu bir yandan ve o kadının gözleri kendi güzelliğinin dışında bütün güzelliklere kapanmıştı.

O bir yere gittiği zaman çevresini ruhsuz seyirciler sarıyor ve onu biraz daha kendi yalnızlığına doğru itiyorlardı. Üzerinde gurur terzisinin diktiği parlak ve renkli elbiseler vardı. Gözleri kamaştıran bir varlıktı o. Çeken bir kokuydu, deli eden bir bakıştı kimi gün. Çevresindekiler onun sihrine kapılmış gidiyorlardı. Kimse bu muhteşem örtünün altındaki o daha muhteşem güzelliğin farkında değildi. O kadın da öylesine inanmıştı ki sadece güzel bir yüz ve ten olduğuna!

Bir gün seyircilerinden birisi, ona bambaşka şeyler söyledi. Et, kemik ve kumaş olmadığını hatırlattı ona. Güzelliğinin aslında çok daha büyük ve ölümsüz bir güzelliğin küçük bir parçası olduğunu haykırdı. Ondan güzel bir yaşamak vardı, bir sevmek vardı, bir özlemek vardı. Hazlar vardı ondan güzel, ümitler, hayaller vardı. Ve hepsinin üstünde gözlerimizin önünden akıp giden, dilersek, en güzel olabilen bir zaman vardı. Ve kadın anladı bir gün aynaların yalan söylediğini, kendisini avuçları kanayıncaya kadar alkışlayan seyircilerin değersizliğini anladı bir gün. O zaman kendini yıllarca boş yere içine hapsettiği köşk ansızın yıkıldı. Kadın bir sabah yeni doğan güneşi gördü. Bir gece ay ışığıyla yıkadı ellerini. Bir gece sarhoşlukların en kanılmazını tattı. Sonra güller gördü o kadın bahçesinde, unutulmuş, küskün, dalgın ve harikulade güzel güller gördü. Şarkıların anlamı başkaydı artık. Sesler değişmişti. Bir senfoninin ölümsüz notalarıydı duyduğu. Yıkılan gurur köşkünün dışındaki güzellikler içinde, kendi güzelliğinin her gün yeni bir anlam kazandığını gördü. Eskisinden daha güzeldi o kadın. Çünkü vardığı yerde artık sahte mücevherler değil, parlak kumaşlar değil, yapma çiçekler değil, yaşadığı kadar gerçek sevgiler ve hazlar vardı.

Bir zaman, geçmiş basmakalıp yılların pişmanlığını duydu, bir zaman, gelecek değişik, o yepyeni, o pırıl pırıl günlerin özlemini. Sonra bıraktı kendini zamanın akışına. Ve akıp giden zamana artık hiç solmayacak olan güzelliğini kattı. Böylece yarattığı en güzel zamanda her an yeni bir şeyler bulmaya başladı o kadın. Bir gün tüm inanmayı buldu, bir gün karşılıksız sevmeyi.

Şimdi yine aynalara bakıyor bir kadın. Ve bakışı gözlerinin derinliğinden o bugüne kadar kimsenin görmediği bir iç zenginliğini görüyor. Mücevherlerin en değerlisi orada. Orada, duyguların en güzeli, sevgilerin en ölümsüzü. Orada erişilmez hayaller. Orada el değmemiş zevkler ve yine orada arzuların en güçlüsü.

Yaşadıkça aynaya baktığın zaman artık bir tek kadın göreceksin. O benim sevdiğim kadın, o benim inandığım kadın. O benim taptığım ve yaşadıkça o benim tapacağım kadın.

Baktığım zaman bana onu göstermeyen bütün aynaları bir gün kırabilirim.

ZAMANIN AKIŞINDA...

Gitgide yaşlanması insanın ve her gün biraz daha değişmesi ne tuhaf. Tenin sertleşmesi, gözlerde o eski delişmen pırıltının kalmaması, yüzde derin, silinmez çizgilerin belirmesi ister istemez kişinin iç dünyasını da etkiliyor. Artık çok uzak bir hatıra olan gençliğin bir daha geri gelmeyeceğini düşünmek belki acı. Fakat gitgide yaklaşan daha yaşlılık günlerinde yine seninle beraber olabilmek ümidi, engin bir teselli oluyor benim için. Sensizliklerle dolu geçen bir gençliği sevmiyorum, özlemiyorum artık. Bu yorgun, yıpranmış, yarı karanlık yaşında seni sürdürebildiği için daha çok bağlıyım ona. Bu yaş, bana daha yakın, sen varsın diye. Gelecek yılların bütün acılarına, bütün yıkıntılarına dayanacak gücü kendimde bulabilmem de yine sen varsın diyedir. Yoksa yarını puslu bir geçmişten daha güzel ve değerli olarak düşünmezdim.

Yıllarca önce baktığım aynalarda umut dolu genç bir adam vardı. Gözlerinden sevgi ve dostluk taşardı bütün insanlar için. Acılar yüzünde yer etmemiş, kederler yüzünü soldurmamıştı daha. Güçlüydü, umutluydu, inanmıştı. Senin düne kadar sevdiğin gibi o da severdi aynaları. Kendinde her şeyin iyi ve güzel olmasını gerektirecek gücü bulurdu çoğu zaman. Sevgi ve dostluk duygularına bir din gibi sarılmıştı. Türlü kötülükleri kitaplardan okur, hayatta bunların gerçek olabileceğini düşünmezdi bile. Bambaşka bir dünyaydı üzerinde yaşadığı. Dünyasında yaşayan bütün insanların da kendisi gibi düşüneceğine öyle inanmıştı ki! Zaman ne kadar güçlü olursa olsun vız geliyordu ona. İmkânsızlıklardan korkmuyordu. İçinde çalkalandığı baş döndüren bir aldanıştı aslında. Gün görmüş aynalar gerçeği biliyor, fakat dilleri olmadığı için bu genç adama söyleyemiyorlardı. Oysa aynaların ezeli sükûtunu inançlarının doğruluğuna yormuştu daima. Aldanabileceği aklına gelmezdi.

Şimdi şu aynaya korku ve çekingenlikle bakan, yılgın, yıkılmış adamla geçmiş günlerin umutlu genci arasında her bakımdan büyük ayrılıklar var biliyorum. Ve yine biliyorum ki, bugünün görmüş geçirmiş olanı, eskisinden az mutlu değil. Nice aldanmalar gördü, çeşitli, büyük acılar tattı, türlü yalanlarla, ikiyüzlülüklerle sarsıldı bütün inançları, kalbinin ses veren telleri koptu bir bir. Dünkü adam çamurlu, çirkef, batak yollardan geldi bugüne. Çevresindeki insanların asıl yüzlerini göre göre yaşamaktan iğrenmeye kadar vardığı yerlerden geldi. Bugünün yorgun, yıpranmış adamı yalnız bugüne kadar sakladığı sevgileriyle değil, içinde birikip taşan kederleriyle, yıkıntılarıyla geldi sana.

Fakat yine tekrarlıyorum. Her şeye rağmen bugün daha mutluyum dünden. Sen varsın diye geçmişteki acılarımdan kimseyi sorumlu tutmuyorum. Kimseye kırgın değilim artık. Sana olan inancım, bütün aldanışlarımın bedelini çoktan ödedi. Geride sana olan şükran borçlarım var sadece.

Seninle bütün çaresizlikleri yenip birlikte varacağımız daha yaşlılık günlerimizi özlüyorum. İnan, kimse ihtiyarlığı benim kadar özlememiştir. Kimse seni benim kadar sevmediği, sevemeyeceği için.

Yemin ediyorum, seni her geçen yıl daha çok seveceğim Mihriban.

"GEL" DEDİĞİM ZAMAN

Sana rastladığım zaman bezgin ve yorulmuş bir adamdım. Umutlarım azalmış, eski gücüm kalmamıştı. Her şeyi oluruna bırakmıştım. Yeni doğan bir gün, yeni bir ağırlıktı omuzlarımda. Büyük şehrin insanları artık bana bir şey söylemiyordu. Bir zamanlar meyhane masalarında unutmaya çalıştığım yalnızlık bir koza gibi sarmıştı dört yanımı. Beni çepeçevre kuşatan çirkin bir kaderin esiriydim artık. Kadehler susmuştu. Dostlar, melodisini hayal meyal hatırladığım bir şarkının unutulmuş sözleri gibiydi. Gördüğüm her tanıdık yüz, bana durmadan aldanmışlığımı haykırırdı. Elimi sıkan yalancı eller, yüzüme inen bir tokattı aslında... Yaşadığım kırık dökük yıllar, koyu bir yalnızlığa mahkûm etmişti beni. Kim bilir o günlerde kaç defa geçtim evinin önünden? Senin varlığından habersiz kaç defa baktım boş gözlerle kapına?

Oysaki, şimdi tek düşüncem; o kapının altından muhteşem bir zaferin sarhoşluğu içinde geçerek sana gelmek ve senden hiç ayrılmamak... Yanında geçmişin bütün anılarını bir anda unutmak, hep bugünü yaşamak seninle ve yarınlara yine seninle varmak.

Tuvalinde kırık dökük birkaç çizgiydim önceleri. Şimdi tamamladığın bir tabloyum. Gözlerime bu rengi, bu parlaklığı sen verdin. Dudaklarım sen istediğin için ve durmadan seni özlediği için böyle arzulu. Dokunsan parmaklarını yakacak ellerim. Bende gördüğün, sevdiğin ne varsa senin eserin.

Bu yapıyı bir yangının kalıntıları üzerine sen kurdun. Şu bahçe senin eserin. Şu çiçekler içimde sen varsın diye yeşerdi. Ayak bastığın yerde çirkinlik kalmaz. Elini sürdüğün her şey güzelliğinin bir parçası olur ve toz haline gelinceye kadar seni bekler, seni özler.

Geride bıraktığım yıllar içinde en değerlisi, her ânını bir pırlanta gibi yontup işlediğin bir yıl! Beni yoktan ve yokluklardan var ettiğin o bir yılı, derinliklerimde saklıyorum. Kimse görmesin diye, kimse bilmesin diye. Tadılmamış hazlarla, görülmemiş güzelliklerle dolu o yaşanmış saatler, insanoğlunun yaşadığı, yaşayacağı bütün saatlere bedel bir yerde...

Seni tanıdıktan bu yana, ilk defa kelimelerin yetersizliğini, hayalin darlığını hissediyorum. Söylediklerim, söylemek istediklerimin yanında cılız ve sönük kalıyor. Bir kelimeye bin kelimenin anlamını verebilsem; söylediklerim belki biraz yaklaşırdı duyduklarıma. Belki o zaman; ellerinden tutar seni daha mutlu, daha aydınlık günlere götürebilirdim. "Gel," dediğim zaman bu üç harfli kelimenin taşıdığı anlam seni sarar ve gelmeni gerekli kılardı. Gelirdin, hiç gitmemecesine... Gelirdin; bütün imkânsız gördüğün şeyler ayaklarının altında ezilir, engeller gözlerinin önünde bir bir yıkılırdı. Gelirdin ve o zaman her şey en güzel olurdu, en değerli olurdu. Gelirdin, yeni bir dünya kurardık seninle.

Orada korkuların yeri olmazdı. Keder çalmazdı kapımızı, yalnızlık başını alır giderdi uzaklara... Orada biz dileyince, zaman dururdu. Beraberliğimizin eşsiz mutluluğunu, kana kana içerdik yıllarca. Ve yılların gelip geçtiğini bilmezdik.

Bir gün sana bütün gücümle ve bütün ümitlerimle "Gel," diyeceğim. Bu üç harflik kelime sevgilerimi, özlemlerimi anlatacak sana. Benim için nasıl vazgeçilmez olduğunu söyleyecek. Sesimi belki bir gece uykunun arasında duyup ansızın uyanacaksın. O zaman ne kadar uzaklarda olursan ol, geleceksin, biliyorum. Uyandığın zaman bu bir gecenin değil, boşa giden bir ömrün uykusundan uyanış olacak. Evden çıkacaksın, karanlıklar içinde sesim sana yol gösterecek. O "gel" diyen inanmış ve çok özlemiş sese doğru koşacaksın. Hiçbir engel durduramayacak seni.

Unutma! Bir gün "gel" dediğim zaman, gelmelisin. Geleceksin.

KİM BİLİR?

Şehirlerden, insanlardan uzakta bir evimiz olsun isterdim. Bir penceresinden bakınca uçsuz bucaksız deniz görünmeliydi. Alabildiğine vahşi ve çılgın bir deniz. Kimi gün açılıp açılıp kapımıza kadar gelmeliydi dalgalar. Tuzlu köpükler saçlarımızı ıslatmalıydı. Geceleri denizin uğultusu kulaklarımızdan hiç eksilmemeliydi. Serin bir rüzgâr esmeliydi ansızın, iliklerimize kadar üşümeliydik. Ocakta yanan odunların parıltısında gözlerinin en açık rengini görmeliydim. Alevlerin aksi yüzüne vurmalıydı, öptükçe yanmalıydı dudaklarım. Sonra odunlar sönmeliydi, korların kırmızılığında sevmeliydim seni sabaha kadar... Pencereden giren günün ilk ışığı bizi uyanık bulmalıydı. Uykusuzluğumuzun farkına varmadan yeni bir günün ilk saatlerini yudum yudum içmeliydik. Sonra güneş biraz yükseldiği zaman uykuların en güzeli, en dayanılmazı çökmeliydi gözlerimize. Belli belirsiz bir uykunun içinde nefes alışını bile duymalıydım. Uyanır uyanmaz deniz kıyısına inmeliydik. Mutluluğumuzu kumlarla köpükler seyretmeliydi yalnız.

Denizden usanınca el ele yakınımızdaki ormana gitmeliydik. Koyu yeşil gölgeler kararıncaya kadar vahşi çiçekler toplamalıydık seninle.

Orada her ağacın gövdesine bir mısra yazmalıydım senin için.

Böylece mevsimler geçmeliydi. Rüzgârdan başkası çalmamalıydı kapımızı. Ve biz bütün bu yalan dünyadan, ikiyüzlü insanlardan uzakta; bugüne kadar kimsenin tatmadığı hazları tatmalı, kimsenin varamayacağı bir yere varmalıydık.

Kim bilir diyorum. Kim bilir belki de bir gün bunların hepsi gerçek olacak... Deniz kıyısındaki küçük ev, yakınımızdaki orman, elimizde yetiştirdiğimiz çiçekler ve geceler, o upuzun mutluluk dolu geceler. Ocakta alev alev yanan odunlar, alevlerin yüzündeki emsalsiz aksi ve durmadan aşka çağıran gözlerin...

Kim bilir belki de asıl gerçek bu! Yaşantımız yalan olan. Bu sensiz geçen günler, bu dayanılmaz özlem belki de sonsuz bir beraberliğe hazırlıyor bizi. Belki dünyaya gelmedik henüz. Belki çoktan sona erdi yaşantımız. Belki hiç birbirimizi görmedik, tanımadık. Ayrı değil, beraberiz belki.

Yaşıyorsam; gelecek günlerin seni getireceğine inandığım içindir.

Bütün bu çaresizliklerin ortasında en güzel zamanları ve kendimi sana hazırlıyorum Mihriban.

Oraya bir gün varacak mıyız dersin? Kim bilir?

YAKLAŞIRKEN

Hayatımda ilk defa yarına ümitle bakıyorum, içimden bir ses durmadan, "Bir gün her şey düzelecek," diyor. Evet; bir gün her şey düzelecek, buna inanıyorum artık. Bu dev çaresizlikler, bu kahırlı özlemeler bir gün yerlerini mutlu bir beraberliğe bırakacaklar. Günün her saatinde senden uzakta olmanın acısını bir kurşun yarası gibi hissetmeyeceğim yüreğimde. Bir gün yalnız senin yanında, senin yakınında olmanın sevinci yetecek bana. O zaman hiç ayrılmayacağım senden. Uzun uzun seni seyredip binlerce, on binlerce defa seni yarattığı için Tanrı'ya şükredeceğim. Her sabah saçlarının arasından doğacak güneş. Gece, ay ışığının en güzeli gözlerinde parlayacak. Yılların yorgunluğunu ellerinin bir temasıyla unutacağım. Yaşanmış, yaşanacak zamanların en değerlisi seninle başlayacak ve sende sürecek.

Ayrılıkların şimdi içimde bir yangın gibi. Alevleri her dakika biraz daha büyüyor, biraz daha genişliyor. Tutuşmayan yerim kalmadı. Baştan başa bir kor yığını halindeyim. Bir günün yirmi dört saatinde seni özlemek, seni beklemek böylesine yanmaktan başka neye benzeyebilirdi? Bütün düşüncelerim senden geliyor, hayallerim sana doğru koşuyor görmüyor musun? Durup durup beraberliklerin en yücesine varacağımız bir dünyanın özlemiyle yanıyorum. Fakat bir gün bu yangın sönecek, bir gün bu küllerin üzerinde bir bahçe yeşerecek. Sevdiğin çiçekler, sevdiğin renkler olacak o bahçede. Renkler senin güneşinden alacaklar parlaklıklarını, yağmurların hayat verecek çiçeklerime.

Bir zaman erişilmezdin benim için, şimdi vazgeçilmezsin. Bugün olduğu gibi yarın da varlığın yaşantımın tek varlığı olacak. Senden aldığım güçle bütün engelleri yıkacağım senin için. Bir gün kendi ellerimle yarattığım bambaşka, yepyeni bir dünyaya götüreceğim seni. İyiliklerin, güzelliklerin dünyasına. Şimdi sana keder veren insanların yeri olmayacak dünyamızda. Bütün korkulardan bir bir kurtulacaksın. Endişelerin, yerini engin bir iç rahatlığına bırakacak. Nasıl istiyorsan öyle olacak her şey. İstediğin gibi, sevdiğin gibi...

Varsın şimdi, bu karanlıklar her gün biraz daha koyulaşsın. Varsın bu yokluklar, bu çaresizlikler biraz daha bastırsın. Nasıl olsa güneş hiç batmamacasına doğacak bir gün. Er geç aramızdaki kalın duvarlar yıkılacak. Nice fırtınalardan, çalkantılardan sonra demirleyeceğimiz limanın çok yakınlarındayız. Rüzgâr dinmek üzere. Beraberliğimizin başlayacağı günlerin eşiğindeyiz Mihriban.

ÜMİT YAŞAR OĞUZCAN'IN
Özgeçmişi ya da Yıl Dökümü

1926 — 22 Ağustos'ta Tarsus'ta dünyaya geldi. Babası Lütfi, anası Güzide.

1939 — Eskişehir İnkılap İlkokulu'nu,

1942 — Konya Askeri Ortaokulu'nu bitirdi.

1942 — Basında ilk kez şiirleri *Eskişehir Kocatepe* ve *Sakarya* gazetelerinde çıktı.

1944 — *İstanbul*, *Varlık*, *Büyük Doğu* vb. dergilerde şiirleri çıkmaya başladı.

1945 — Taş ve iltihap nedeniyle bir ameliyat sonucu sağ böbreği alındı.

1946 — Eskişehir Ticaret Lisesi'ni bitirdi. Aynı yıl Ankara'da Osmanlı Bankası'na girerek bankacılığı iş edindi.

1947 — Babasının Eskişehir'den Adana'ya nakli üzerine Osmanlı Bankası'ndan ayrılarak Adana'da İş Bankası'na girdi. İlk kitabı *İnsanoğlu* basıldı.

1948 — İlk eşi Özhan'la evlendi, ikinci kitabı *Deniz Musikisi* çıktı.

1949 — İlk oğlu Vedat dünyaya geldi.

1951 — Turgutlu İş Bankası'na atandı.

1952 — İkinci oğlu Lütfi dünyaya geldi.

1953 — Niğde İş Bankası muhasebeciliğine atandı.

1954 — Ankara'da İş Bankası Genel Müdürlüğü'nde bir göreve atandı. Üçüncü kitabı *Dillere Destan* çıktı.

1955 — İlk taşlama, rubai ve dörtlüklerini yazmaya başladı. *Dolmuş* ve *Aşkımızın Son Çarşambası* adlı kitapları yayımlandı.

1956 — *Bir Daha Ölmek* adlı kitabı yayımlandı.

1957 — *Kör Ayna* ve *İki Kişiye Bir Dünya* adlı kitapları yayımlandı.

1958 — İlk 7 kitabını *Beni Unutma* adı altında bir kitapta topladı.

1960 — *Karanlığın Gözleri*, *Seninle Ölmek İstiyorum* adlı şiir ve *Akıllı Maymunlar* adlı ilk taşlama kitapları yayımlandı. İş Bankası Neşriyat Müdür Yardımcılığına atandı.

1961 — Ankara'dan ve İş Bankası'ndan ayrılarak İstanbul'a yerleşti. 6 ay Yapı ve Kredi Bankası'nda çalıştı. Yazarlığa ve yayıncılığa başladı. *Üstüme Varma İstanbul*, *Yeni Dünya Rekoru*, *Sahibini Arayan Mektuplar* adlı kitapları yayımlandı. İlk şiir plağı çıktı. Üç kez intiharı denedi.

1962 — İstanbul basınında (*Hür Vatan*, *Hareket*, *Cumhuriyet*, *Akbaba*, *Yelpaze*, *Varlık* vb.) şiirleri, taşlamaları, yazıları ve röportajları yayımlanmaya başladı. *Sevenler Ölmez*, *Çigan Gözler* adlı kitaplarıyla ikinci şiir plağı çıktı.

1963 — İlk rubailer kitabı *Ötesi Yok* yayımlandı.

1964 — *Bir Gün Anlarsın* ve *Hüzün Şarkıları* adlı kitapları yayımlandı. 3 sayı *Yergi-Dergi* adlı bir mizah dergisi çıkardı.

1965 — *Sadrazamın Sol Kulağı*, *Mihribana Şiirler* ve *Mektuplar* adlı kitapları yayımlandı. 3 şiir plağı daha çıktı.

1966 — *Biraz Kül Biraz Duman*, *Taşlar ve Başlar*, *İnşallahla Maşallahla*, *Seni Sevmek* adlı kitapları yayımlandı. Akbank'a girdi.

1967 — 25. sanat yılı jübilesi İstanbul'da yapıldı. İlk Avrupa gezisine çıkarak anılarını *Avrupa Görmüş Adam* adı altında *Cumhuriyet*'te yayımladı ve kitap halinde çıkardı. *Sen Aşk Nedir Bilmezdin* adlı kitabı çıktı.

1968 — *Ben Seni Sevdim mi* adlı kitabı çıktı.

1969 — *Toprak Olana Kadar*, *Aşk mıydı O*, *Göbek Davası* adlı kitapları çıktı. İkinci Avrupa gezisine çıkarak İngiltere ve Kuzey ülkelerine gitti. Akbank'tan ayrıldı. Yeniden İş Bankası'na girdi. İş Bankası Kültür Yayınları Müşavirliği'ne atandı.

1970 — Âşık Veysel'in şiirlerini derleyerek *Dostlar Beni Hatırlasın* adı altında İş Bankası Kültür Yayınları'nda çıkardı. *Haktan Yana* adlı kitabı yayımlandı. Enfarktüs geçirdi.

1971 — *Önce Sen Sonra Sen* adlı şiir kitabıyla *Şairlerin Seçtikleri* adlı antolojisi yayımlandı.

1972 — *Rubailer* kitabı İş Bankası Kültür Yayınları arasında çıktı.

1973 — Büyük oğlu Vedat intihar etti.

1975 — *Yalan Bitti* adlı şiir kitabı yayımlandı. İş Bankası Halkla İlişkiler Müdür Yardımcılığı'na atandı. Babası öldü. Çağrılı olarak İran, Pakistan ve Kıbrıs'a gitti.

1976 — T. İş Bankası İstanbul Parmakkapı Sanat Galerisi'nin yönetimini öteki görevlerine ek olarak üstlendi.

1977 — Kendi isteğiyle İş Bankası'ndan emekli oldu. Tüm şiirlerinden yaptığı seçmeler *Acılar Denizi* adı altında yayımlandı. Macaristan, Avusturya, Çekoslovakya ve Romanya'ya gitti.

1978 — İkinci eşi Ulufer'le evlendi. *En Eski Yalnızlığımdır Aşk Benim* adlı şiir kitabı yayımlandı. *Sahibini Arayan Mektuplar* adlı nesir kitabı Anna Masala tarafından İtalyancaya çevrilerek yayımlandı.*

1980 — Ümit Yaşar Sanat Galerisi'ni açtı. İtalya, Fransa ve İsviçre'ye gitti.

1982 — 40. sanat yılını 1 kitap, 1 sergi ve 1 geceyle kutladı. Güldürü Üretim Merkezi'ne (GÜM) girdi. Yeni yergileri *Güneş* gazetesinde yayımlanmaya başladı.

1983 — *Dikiz Aynası* adlı taşlamalar kitabı çıktı. Tüm Şiirleri 4 cilt olarak yayımlanmaya başlandı.

---

* Şairin bazı şiirleri de İngilizce, Fransızca, Rusça, Yunanca, Almanca, Bulgarca, İtalyanca, Yugoslavca, Lehçe ve Arapçaya çevrilmiş ve çeşitli antolojilerde yayımlanmıştır.

YAYINLANMIŞ ESERLERİ

Şiir Kitapları:

1 — İnsanoğlu		1947—Adana
2 — Deniz Musikisi		1948—Adana
3 — Dillere Destan		1954—Ankara
4 — Dolmuş		1955—Ankara
5 — Aşkımızın Son Çarşambası		1955—Ankara
6 — Bir Daha Ölmek		1956—Ankara
7 — Kör Ayna		1957—Ankara
8 — Beni Unutma	I. Baskı	1958—Ankara
	V. Baskı	1968—İstanbul
9 — İki Kişiye bir Dünya	I. Baskı	1957—Ankara
	V. Baskı	1967—İstanbul
	VI. Baskı	1983—İstanbul
10 — Karanlığın Gözleri	I. Baskı	1960—Ankara
	IV. Baskı	1968—İstanbul
	V. Baskı	1983—İstanbul
11 — Seninle Ölmek İstiyorum	I. Baskı	1960—Ankara
	V. Baskı	1960—Ankara
12 — Akıllı Maymunlar		1961—İstanbul
13 — Üstüme Varma İstanbul	I. Baskı	1961—İstanbul
	IV. Baskı	1971—İstanbul
14 — Yeni Dünya Rekoru		1961—İstanbul
15 — Sevenler Ölmez	I. Baskı	1962—İstanbul
	III. Baskı	1973—İstanbul
16 — Ötesi Yok		1963—İstanbul
17 — Çigan Gözler	I. Baskı	1962—İstanbul
	IV. Baskı	1969—İstanbul

18 — Bir Gün Anlarsın	I. Baskı	1964—İstanbul
	IV. Baskı	1973—İstanbul
19 — Sadrazamın Sol Kulağı		1965—İstanbul
20 — Mihribana Şiirler	I. Baskı	1965—İstanbul
	III. Baskı	1976—İstanbul
21 — Biraz Kül Biraz Duman		1966—İstanbul
22 — Taşlar ve Başlar		1966—İstanbul
23 — İnşallahla Maşallahla		1966—İstanbul
24 — Seni Sevmek		1966—İstanbul
25 — Toprak Olana Kadar		1969—İstanbul
26 — Göbek Davası		1969—İstanbul
27 — Ben Seni Sevdim mi		1968—İstanbul
28 — Sen Aşk Nedir Bilmezdin		1967—İstanbul
	II. Baskı	1971—İstanbul
29 — Halktan Yana		1970—İstanbul
30 — Aşk mıydı O		1969—İstanbul
31 — Önce Sen Sonra Sen		1971—İstanbul
32 — Rubailer		1972—İstanbul
33 — Yalan Bitti		1975—İstanbul
34 — Acılar Denizi	I. Baskı	1977—İstanbul
35 — En Eski Yalnızlığımdır Aşk Benim		1978—İstanbul
36 — Dikiz Aynası		1983—İstanbul
37 — Yüzyıl Yanarım Yanmayı Öğrendimse		1983—İstanbul

Nesir Kitapları:

1 — Sahibini Arayan Mektuplar	I. Baskı	1961—İstanbul
2 — Hüzün Şarkıları	V. Baskı	1983—İstanbul
3 — Mihribana Mektuplar	I. Baskı	1964—İstanbul
4 — Avrupa Görmüş Adam	II. Baskı	1975—İstanbul

Antoloji, Derleme ve Biyografiler:

1 — Garip Şiir Antolojisi	I. Baskı	1968—Ankara
	II. Baskı	1968—İstanbul
2 — Şiirimizde Aşk ve Kadın		1961—İstanbul
3 — Şiirimizde Ölüm		1961—İstanbul
4 — Şirimizde Ayrılık		1961—İstanbul
5 — Şirimizde Taşlama		1962—İstanbul
6 — Şiirimizde İstanbul		1962—İstanbul
7 — Şiirimizde Tabiat		1961—İstanbul
8 — Şairlerin Seçtikleri	I. Baskı	1971—İstanbul
	II. Baskı	1975—İstanbul
	I. Baskı	1971—İstanbul
9 — Çocuklara Şiirler	I. Baskı	1971—İstanbul
	IV. Baskı	1977—İstanbul
10 — Dostlar Beni Hatırlasın	I. Baskı	1970—İstanbul
(Âşık Veysel - Derleme)	V. Baskı	1982—İstanbul
11 — Âşık Veysel (M.E. Bakanlığı Y.)		1972—İstanbul
12 — 25. Yıl Jübile Kitabı		1967—İstanbul
13 — Hayat Öyküm ve Eserlerim		1972—İstanbul
14 — Türk Şiirinde Aşk ve Kadın		1978—İstanbul
15 — Şiirle 40 Yıl		1982—İstanbul

DOLDURDUĞU ŞİİR PLAKLARI

1 — 78 Devirli, Odeon Plak, 1961, İstanbul — Okuduğu Şiirler: Çıkmaz Sokak, Bekleyenler İçin, Seninle Ölmek İstiyorum, Rıhtımda, Üstüme Varma İstanbul.

2 — 78 Devirli, Odeon Plak, 1962, İstanbul — Okuduğu Şiirler: Adak, Biraz Kül Biraz Duman, Beni Unutma, Beni Kör Kuyularda, İstanbul, Kadınlar İçin Sone, Unutamıyorum.

3 — 45 Devirli, Melodi Plak, 1964, İstanbul — Okuduğu Şiirler: Çağrışım, Ötesi Yok, Vesaire, Ayrılırken, Islak Gül, Kim Bilir, Gidene Sone, Şiiristan.

4 — 45 Devirli, Odeon Plak, 1966, İstanbul — Okuduğu Şiirler: Dağ Rüzgârı, Rıhtımda, Biraz Kül Biraz Duman, O Sen Değilsin, Bilmem Kaç Yıl Aradın, Son Mektup.

5— 45 Devirli, Odeon Plak, 1966, İstanbul — Okuduğu Şiirler: Aynalardan Uzakta, Sen Gelinceye Kadar, Sevenler İçin, Seninle Ölmek İstiyorum.

6 — 33 Devirli, Melodi Plak, 1967, İstanbul — Okuduğu Şiirler: Önce Ellerin, Derinlerde, Köle, Bir Gün Anlarsın, Yanan Gül, Beyaz Güvercin, Ayrılık Günü, Kavuşma Günü, İstanbul Işık Işık, Lale Devri, Karşılaşma, Seven Bir Kadın İçin, Bir Düşün, Çigan Gözler, Üstüme Varma İstanbul, Kum, Ayrılanlar İçin, Unutma ki ve 5 Rubai.

7 — 45 Devirli, Disko Plak, 1968, İstanbul — Okuduğu Şiirler: İspanyol Meyhanesi, Yeşil İspanyol, Bir Gün, İkimiz mi.

8 — 45 Devirli, Disko Plak, 1968, İstanbul — Okuduğu Şiirler: Sahibini Arayan Mektuplardan, Nerdesin ve Gittiğine İnanmıyorum.

9 — 45 Devirli, Diskotür Plak, 1969, İstanbul — Okuduğu Şiirler: İstanbul, İstanbul Işık Işık, Üstüme Varma İstanbul, Böyledir Akşamları İstanbul'un, İstanbul Dedim de Seni Hatırladım.

10 — 45 Devirli Diskotür Plak, 1974, İstanbul — Okuduğu Şiirler: Bir Gece Ansızın Gelebilirim, Giz, Islak Öp Beni, Yalan Bitti, Yıkılış, Acılar Denizi.

11 — 45 Devirli, Diskotür Plak, 1974, İstanbul — Okuduğu Şiirler: Galata Kulesi, Vedat'a Ağıt, Vedat'ın Öyküsü, Vedat'ın Mezar Taşına.